Inhaltsverzeichnis

Vorwort

Liebe Erzieher*innen,

die Geschichte „Für Hund und Katz ist auch noch Platz“ birgt meiner Meinung nach viel Potenzial, um ein gutes soziales Miteinander zu lernen, zu üben und zu reflektieren. Sich gegenseitig zu helfen und zusammen ein Abenteuer zu bestehen, ist etwas ganz Besonderes.

Dieses Heft soll Sie dabei unterstützen, den Kindern die Geschichte nahezubringen. Die Kinder spüren zum Beispiel den Gefühlen der Tiere und der Hexe nach, machen ein Wind- und Wetterspiel mit Trommeln, kochen ungeheuerliche Grießklöße aus dem Sumpf und entdecken, wie wichtig Zusammenhalt ist. Die Tiere in der Geschichte werden beleuchtet und auch der Zaubertrank der Hexe wird untersucht. Gebastelt wird natürlich ebenso. Die Kinder betrachten ihre eigene Welt von oben, machen fliegend eine Traumreise und vieles mehr. Lauter spannende Themen rund um dieses wunderbare Bilderbuch werden aufgegriffen – die Projektmappe ist eigentlich ein Abenteuer an sich.

Ich möchte Sie gerne dazu einladen, an einigen Punkten eigene Ideen zu ergänzen, sie zu erweitern und zu ändern – so, wie es für Sie und Ihre Kinder passt. Sicherlich macht es zum Beispiel Spaß, Märchen mit Drachen oder Hexen herauszusuchen und vorzulesen. Die Hexensuppe kann auch anders zusammengesetzt werden oder vielleicht kennen Sie noch weitere Lieder rund um Katze, Vogel, Hund und Frosch.

Außerdem können Sie im Gruppenalltag hin und wieder auf das Gelernte aus der Geschichte zurückgreifen. Erinnern Sie die Kinder zum Beispiel daran, wie die Hexe den Tieren und die Tiere der Hexe geholfen haben. So soll sich in der Gruppe auch gegenseitig geholfen werden.
Ich freue mich immer, wenn ich Menschen – Erwachsene und Kinder gleichermaßen – erlebe, die freundlich miteinander umgehen. Das kann unsere Gesellschaft gut gebrauchen!

Ich hoffe, dass dieses Projekt Ihnen hilft, nicht nur den Umgang mit dem Buch selbst zu fördern, sondern vielleicht auch einen offenen und hilfsbereiten Umgang der Kinder untereinander. Schließlich ist für alle Platz auf dem Besen.

Ich wünsche Ihnen ganz viel Spaß bei diesem Abenteuer!

Mareike Brombacher

Hinweis:
Aus Gründen der besseren Lesbarkeit wird im Folgenden auf eine sprachliche Differenzierung der Geschlechterbezeichnungen verzichtet. Da die Erzieher in Kindertagesstätten zumeist weiblich sind, haben wir uns hier für die weibliche Form entschieden. Selbstverständlich sind stets alle Geschlechter angesprochen.

Vorbemerkungen und Arbeitshinweise

Zu den verwendeten Symbolen

Bildungsbereiche (jeweils das äußerste Symbol oben rechts auf den Arbeitsblättern):

 Literacy

 Musik

 Ästhetische Erziehung

 Umwelt-, Sach- und Naturbegegnung

 Gesundheit und Ernährung

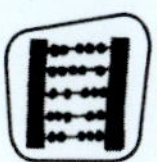 Mathematische Bildung

 Wahrnehmung und Entspannung

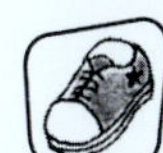 Körpererfahrung und Bewegung

 Sozial-emotionale Bildung

Sonstige Symbole:

 für unter 3-Jährige geeignet

 geeignet für die Begabtenförderung

Layout:

Die Seiten mit der Hexe im Layout unten rechts sind für Sie gedacht.

Die Seiten mit dem Hexenbesen im Layout unten rechts sind für die Kinder gedacht.

Allgemeine Hinweise zur Organisation und Durchführung

Was ist Literacy?

Der Begriff *Literacy* beinhaltet sowohl die Lese- und Schreibfähigkeiten als auch das Verstehen von Texten und ihrem Sinn, den Satzbau und die Fähigkeit, selbst zu erzählen (Aussprache und Wortschatz). Der Umgang mit Bilderbüchern bildet hier einen wichtigen Ausgangspunkt. So werden das Interesse an Büchern und die Liebe zum (Selbst-)Lesen geweckt sowie die Freude der Kinder an Geschichten gefördert. Gleichzeitig werden Textverständnis, Konzentration und Merkfähigkeit geübt. Wissenschaftliche Untersuchungen zeigen, dass vielfältige Spracherfahrungen in der frühen Kindheit zu besseren Schreib-, Lese- und Sprachkompetenzen führen. Wichtig ist dabei, dass die Erzieherin ein dialogisches Lesen fördert, bei dem die Kinder Gegenstände benennen oder die Handlung nachvollziehen können. So werden das freie Erzählen, das Vorlesen und das Nacherzählen ebenfalls gefördert. Eine Leseecke, in die sich das Kind allein zurückziehen kann, regt es zur Auseinandersetzung mit Bilderbüchern an.

Tipps zum Vorlesen:

Für das Vorlesen und Selbstlesen von Büchern ist ein Raum geeignet, der wenig Ablenkung bietet. Spielzeug und eine zu bunte Wandgestaltung lenken ab, eine gemütliche Ecke mit Kissen, angenehmem Licht und Objekten, die zu der Geschichte gehören, laden die Kinder ein und bündeln ihre Aufmerksamkeit beim Buch. Wenn Sie als Erzieherin nicht genügend Zeit oder Muße zum Vorlesen haben, können Sie Eltern oder Großeltern als Vorlesepaten gewinnen. Beim Lesen sollten Sie konzentriert und ruhig sein und sich nicht noch um weitere Dinge kümmern müssen. Ermutigen Sie auch die Eltern dazu, zu Hause mit ihren Kindern zu lesen!

Achten Sie beim Vorlesen auf folgende Dinge:

- Suchen Sie immer wieder den Blickkontakt zu dem Kind/den Kindern. An ihrem Gesichtsausdruck erkennen Sie, ob die Kinder den Text verstehen und ob sich Fragen ergeben haben.
- Wenn die Kinder Fragen haben, sollten Sie diese sofort klären. Sonst lässt die Aufmerksamkeit der Kinder nach und sie sind in Gedanken bei ihrer Frage. Auch könnten sie das Interesse an der Geschichte verlieren oder Ängste entwickeln.
- Lesen Sie dialogisch, stellen Sie Fragen oder lassen Sie die Kinder mitmachen. Was gefällt den Kindern an der Geschichte, was sehen sie auf der Seite, was interessiert sie noch an dem Bild? So fördern Sie gleichzeitig das Sprachvermögen der Kinder und ihre Freude am Buch.
- Lesen Sie das Buch mit Gefühl, also mit Freude, Wut, Trauer oder Spannung in der Stimme. Dies ermöglicht den Kindern ein Mitempfinden und intensiviert das Bucherlebnis. Auch ein Lesen mit verteilten Rollen, also unterschiedlichen Stimmlagen, kann den Kindern viel Spaß bereiten und zur Klärung des Textes beitragen. So erhalten und halten Sie die Aufmerksamkeit der Kinder beim Buch.
- Sprechen Sie nach dem Vorlesen mit den Kindern über das Gehörte. Stellen Sie Fragen und beantworten Sie die Fragen der Kinder. Lassen Sie die Kinder einzelne Passagen nacherzählen. So wird das Gehörte wiederholt und gefestigt. Zudem merken Sie, was die Kinder verstanden haben.

Themavertiefung im Freispiel / in der Leseecke:

Gestalten Sie mit den Kindern eine Ecke des Gruppenraumes zur Leseecke um. Hier sollten gemütliche Kissen liegen und eine angenehme Beleuchtung vorherrschen. Außerdem können hier die Bastelarbeiten aus dem Projekt aufgehängt oder zum Buch passende Materialien bereitgestellt werden. Im Freispiel wird den Kindern zusätzlich die Möglichkeit gegeben, das Gehörte nachzuspielen. Unterstützen Sie die Kinder, indem Sie auch hier passende Materialien bereitstellen. Eine Verkleidungskiste kann ebenfalls von Nutzen sein.

Regeln im Umgang mit Büchern:

- Mit Büchern geht man vorsichtig und pfleglich um. Zum Lesen setzt man sich hin.
- Vor dem Toben oder Spielen werden die Bücher ins Regal oder in die Bücherkiste geräumt.
- Die Seiten des Buches werden nicht mit der Hand, sondern mit den Fingern umgeblättert.
- In ein Buch darf man nicht malen, schneiden, reißen oder kleben.
- Wenn das Buch doch einmal kaputtgeht, sagt man sofort der Erzieherin Bescheid.

Erstellen eines Portfolios:

Fertigen Sie gemeinsam mit den Kindern Portfolios an. Jedes Kind sammelt in einem Ordner oder Schnellhefter alle Bilder, Bastelarbeiten, Fotos und Arbeitsblätter zu diesem Projekt. So wird dokumentiert, was während des Projekts gemacht wurde, schöne Erlebnisse bleiben bewahrt und das Können der Kinder wird auch für diese selbst nachvollziehbar. Wenn eine Auswahl besteht, besprechen Sie evtl. mit den Kindern, welche Ergebnisse besonders gut einen Lernerfolg zeigen. So lernen die Kinder, sich selbst besser einzuschätzen. Für die individuelle Dokumentation wird ein Deckblatt passend zum Thema erstellt. Nach Abschluss des Projektes kann jedes Kind sein Portfolio mit nach Hause nehmen.

Tipps und Anregungen zu den einzelnen Arbeitsblättern

Zum Umgang mit den Arbeitsblättern:
Diese Projektmappe enthält einige Arbeitsblätter, deren Aufgabenstellung Sie mit den Kindern in Kleingruppen besprechen oder vorlesen müssen. Für die Aufbewahrung der Arbeitsblätter empfehle ich, je nach Gruppensituation und organisatorischen Bedingungen, verschiedene Möglichkeiten:

- Ablagefächer (alternativ unifarben gestaltete Deckel von Kopierpapierkartons): Die Kinder haben so freien Zugriff auf die darin sortierten Arbeitsblätter und können ihre Aufgaben selbst auswählen.
- Jedes Kind verfügt über einen weiteren Schnellhefter, in den die Erzieherin regelmäßig je nach Alter und Entwicklungsstand ausgewählte Arbeitsblätter (z. B. zwei Arbeitsblätter pro Woche) einheftet oder diese gemeinsam mit dem Kind aussucht. Die Kinder wählen die Zeit zur Bearbeitung entweder frei oder es gibt festgelegte Zeiten, innerhalb derer ein Kind seine Arbeitsblätter bearbeiten kann.
- Die fertiggestellten Arbeitsblätter werden im Schnellhefter oder in einer Sammelmappe / einem Sammelordner abgeheftet bzw. gehören als Anlage zur Bildungsdokumentation oder zum Portfolio.
- Es empfiehlt sich außerdem, einen (mit Geschenkpapier beklebten) Schuhkarton für andere gefertigte Objekte anzulegen.

Zu „Was machen die Tiere? – Memo-Spiel", S. 10:
Die Sätze sind als Vorlage für Sie gedacht. Es handelt sich um eine Übung für Vorschulkinder aus der Sprachtherapie. Diese Übung ist besonders geeignet für DaZ-Kinder.

Zu „Horch mal, der Hund – Ein Sprech- und Hördomino", S. 15:
Dieses Angebot ist gut für DaZ-Kinder geeignet.

Allgemeine Tipps zu den Bastelarbeiten im Bereich „Ästhetische Erziehung", ab S. 22:
Vor Beginn der Bastelarbeiten mit den Kindern sollten die Tische mit Wachstuchtischdecken abgedeckt und die Materialien in ausreichender Zahl bereitgestellt werden. Sie sollten für alle Kinder gut zugänglich sein, um ein ruhigeres Arbeiten zu ermöglichen. Aufwändige Bastelarbeiten können auch in Kleingruppen bearbeitet werden, sodass Sie alle Kinder zum Beispiel bei Schneidearbeiten gut im Blick haben und ihnen stets helfend zur Seite stehen können.

Um den Kindern ein selbstständiges Arbeiten zu ermöglichen, können Sie Bildkarten mit der Bastelanleitung erstellen. Hierfür fotografieren Sie die Arbeitsmaterialien und die einzelnen Bastelschritte. Diese werden dann jeweils mit der schriftlichen Anleitung auf eine DIN-A5-Karte geklebt. Nummerieren und laminieren Sie die Karten.

Zu „Wer ist denn hier gelaufen?", S. 32:
Ggf. brauchen die Kinder hier Ihre Hilfe, um die Katzen- und Hundepfoten auseinanderzuhalten. Die Katzenpfoten sind kleiner mit runden Ballen, bei der Hundepfote kann man die Krallen erkennen.

Zu „Ich sehe die Welt von oben", S. 34 / 35:
Dieses Angebot ist besonders für die Förderung hochbegabter Kinder geeignet. Ermuntern Sie sie entsprechend, zum Beispiel auch ihr Puppenhaus oder ihr Kinderzimmer von oben zu malen.

Zu den Rezepten im Bereich „Gesundheit und Ernährung", ab S. 38:
Bitte achten Sie bei den Rezepten auf eventuelle **Lebensmittelunverträglichkeiten** der Kinder!

Zu dem Bereich „Sozialerfahrungen", ab S. 47:
Sprechen Sie mit den Kindern über das Thema „Helfen". Wem haben die Kinder schon einmal geholfen und wie hat es sich angefühlt? Wobei könnten sie anderen helfen? Wenn Ideen aufkommen, wie zum Beispiel Müll zu sammeln, können diese natürlich gerne in die Tat umgesetzt werden.

Bildkarten zur Geschichte

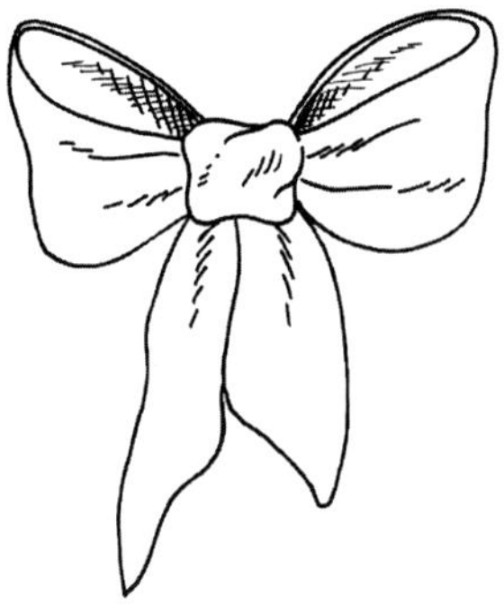

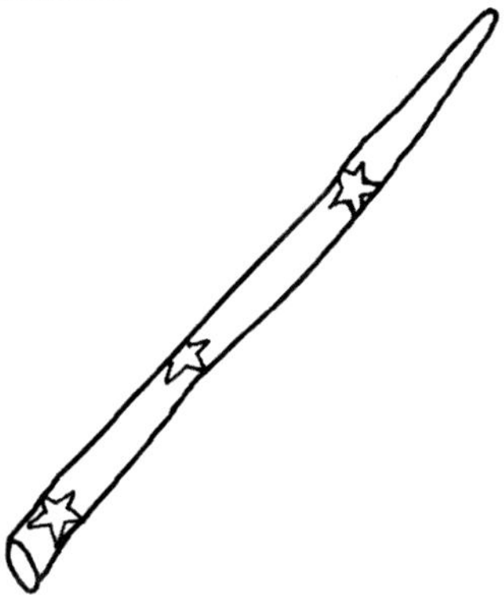

Einstieg in die Geschichte (1) (ab 2 Jahren)

Material:
Bilderbuch „Für Hund und Katz ist auch noch Platz“, Gegenstände aus dem Buch (gerne jeden mehrmals anbieten): Hexenhut, Schleife, Zauberstab, Kessel, Hexenbesen (ggf. basteln, s. S. 22), Spielzeug- oder Kuscheltiere (Katze, Hund, Vogel, Frosch, Drache), Hexenfigur (alternativ die Bildkarten verwenden, s. S. 6)

Arbeitsanleitung:
Lassen Sie die Kinder einen Stuhlkreis bilden oder setzen Sie sich in eine gemütliche Vorleseecke mit ihnen. Zum Einstieg können Sie die Gegenstände bzw. Bildkarten zunächst in die Mitte legen und die Kinder fragen, worum es in der Geschichte wohl gehen könnte. Lesen Sie nun den Kindern langsam und deutlich die Geschichte vor. Zeigen Sie ihnen dabei jede Doppelseite. Kommen die Gegenstände vor, dann geben Sie sie den Kindern in die Hand.
Lesen Sie in einem zweiten Durchgang immer nur eine Doppelseite und machen Sie dann eine Pause. Verwenden Sie die Anregungsfragen, um mit den Kindern über das Gehörte zu sprechen.

Mögliche Sprechanlässe und Fragen können hierbei sein:

1. **Doppelseite:** Was trägt die Hexe? Wohin könnte die Hexe wohl reisen? Habt ihr eine Idee? Wer reist mit der Hexe? Was hat sie alles eingepackt? Was verliert sie beim Fliegen?

2. **Doppelseite:** Was bringt der Hund der Hexe zurück? Woran erkenne ich denn, dass der Hund lieb ist? Der Hund möchte mitreisen. Wie reagiert die Hexe? Würdet ihr auch mitfliegen wollen?

3. **Doppelseite**: Was könnt ihr alles auf dem Bild erkennen? Welche Tiere sind noch im Bild? Was verliert die Hexe diesmal? Wie hat sich das Wetter verändert? Wer guckt denn da aus dem Baumstamm heraus?

4. **Doppelseite:** Wo suchen sie nach der Schleife? Was trägt der Vogel im Schnabel? Welche Farbe hat der Vogel? Freuen sich die anderen, dass der Vogel mitkommt? Hättet ihr den Vogel auch mitgenomen?

5. **Doppelseite:** Was verliert die Hexe nun? Wie ist das Wetter? Welche Tiere sind auf dem Bild noch zu sehen? Wer guckt da wohl aus dem Wasser und sieht den Zauberstab?

6. **Doppelseite:** Wie macht der Frosch? Ist er schmutzig? Wer sitzt alles mit auf dem Besen? Haben die Hexe und die Tiere Spaß? Wen würdet ihr auf eurem Besen alles mitnehmen?

7. **Doppelseite:** Als der Besen entzweibricht, fallen alle Tiere hinunter. Was hält der Hund in der Pfote? Sie fallen in einen Sumpf. Wer weiß, was ein Sumpf ist und wie er aussieht? Was könnte das laute Getöse sein, dass die Hexe hört?

8. **Doppelseite:** Was möchte der Drache zum Abendbrot essen? Wie sieht der Drache aus? Kann die Hexe gerettet werden? Wie geht es wohl weiter?

9. **Doppelseite:** Wie viele Köpfe hat das Ungeheuer? Wer ist das Ungeheuer? Was brüllt es dem Drachen entgegen? Der Drache fürchtet sich. Findet ihr das Ungeheuer auch so gruselig?

10. **Doppelseite:** Was macht der Drache? Was wäre passiert, wenn das Ungeheuer nicht aufgetaucht wäre? Was macht die Hexe auf dem Bild? Wofür wart ihr schon einmal dankbar? Könnt ihr den wegfliegenden Drachen finden?

Einstieg in die Geschichte (2)

11. Doppelseite: Was werfen die Hexe und die Tiere alles in den Zauberbrei? Was zaubert die Hexe wohl? Was würdet ihr in einen Zauberbrei geben? Was würdet ihr zaubern wollen?

12. Doppelseite: Wie sieht der Besen aus? Was ist das Besondere an dem neuen Besen? Was machen die Tiere auf ihrem Luxusbesen? Was leuchtet hell am Himmel, als die Reise weitergeht? Ist es Tag oder Nacht? Woran erkennt ihr das?

Gefühlsgeschichte (ab 3 Jahren)

Material:
Bilderbuch „Für Hund und Katz ist auch noch Platz“, Kopiervorlage „Gefühlskarten“ (s. S. 9), 1 Schere, ggf. 1 Laminiergerät und -folie

Vorbereitung:
Die Gefühlskarten werden (hoch)kopiert und ausgeschnitten. Laminieren Sie ggf. die Karten.

Arbeitsanleitung:
Setzen Sie sich mit den Kindern in einen Kreis. Legen Sie die Gefühlskarten in die Mitte und schauen Sie sie gemeinsam an. Besprechen Sie mit den Kindern:

- „Welche Gefühle sind darauf zu sehen?“
- „Habt ihr das Gefühl auch schon einmal gespürt?“
- „Wie genau fühlt es sich an, wütend / ängstlich / fröhlich / … zu sein?“
- „Wo im Körper spürt ihr das Gefühl?“
- „Woran sehe ich, dass jemand wütend / ängstlich / fröhlich / … ist?“ (Mimik und Gestik)

Gehen Sie nun noch einmal die Geschichte mit den Kindern durch. Zeigen Sie die Bilder und fragen Sie, wie sich die Charaktere in der jeweiligen Situation wohl fühlen. Dabei können die Kinder die passenden Gefühlskarten hochhalten und ihre Wahl begründen.

Auf folgende Punkte können sie dabei besonders eingehen:

- Wie ging es der Hexe beim Fliegen?
- Wie fühlte sich die Hexe, wenn sie etwas verloren hat?
- Wie haben sich die Tiere gefühlt, als sie mitreisen durften?
- Was haben die Tiere gefühlt, als sie abgestürzt sind?
- Wie hat sich die Hexe gefühlt, als das Ungeheuer sie geschnappt hat?
- Wie haben sich die Tiere gefühlt, als sie sich dem Ungeheuer entgegengestellt haben?
- Wie hat sich der Drache gefühlt, als er das Ungeheuer gesehen hat?
- Wie haben sich die Tiere gefühlt, als sie den Drachen vertreiben konnten?
- Wie hat sich die Hexe gefühlt, als sie gerettet wurde?
- Wie fühlen sich die Tiere auf dem Luxusbesen?

Kopiervorlage „Gefühlskarten“

fröhlich

zufrieden

mutig

stolz

ängstlich

traurig

erleichtert

wütend

überrascht

Memo-Spiel „Was machen die Tiere?“ (für 4 Kinder, ab 4 Jahren)

Material:
Kopiervorlage „Memo-Spiel“ (s. S. 11), ggf. Buntstifte, 1 Schere, 1 Laminiergerät und -folie

Vorbereitung:
Kopieren Sie das Memo-Spiel zwei Mal.
Malen Sie ggf. die Karten an und laminieren Sie diese.

Arbeitsanleitung:
Legen Sie die Spielkarten auf einen Tisch und mischen Sie sie. Lassen Sie die Kinder um den Tisch herum sitzen und ein klassisches Memo-Spiel spielen. Dabei benennen sie nicht nur das Tier, sondern erzählen auch, was es macht.

Ich mache eine Reise (ab 4 Jahren)

Material:
Kopiervorlage „Koffer“ (s. S. 12), Buntstifte

Vorbereitung:
Kopieren Sie für jedes Kind die Kopiervorlage und legen Sie die Buntstifte bereit.

Arbeitsanleitung:
Besprechen Sie mit den Kindern: „Die Hexe verreist mit ihrem Hexenbesen. Sie hat ihre Katze, den Zauberkessel und den Zauberstab mitgenommen. Stellt euch vor, ihr würdet auch so eine Reise machen. Was würdet ihr mitnehmen? Würdet ihr gerne mit dem Auto, dem Zug oder dem Flugzeug verreisen? Oder vielleicht auch auf einem Besen?“ Die Kinder dürfen frei erzählen.

Jedes Kind bekommt nun das Blatt mit dem Koffer. Darauf können die Kinder malen, was sie mit auf eine Reise nehmen würden. Anschließend stellt jedes Kind seinen Koffer vor. Auch abstrakte Bilder oder reine Farben sind völlig in Ordnung. Hier gibt es kein Richtig oder Falsch.

Spiel „Ich packe meinen Koffer“:
Im Anschluss können Sie mit den Kindern „Ich packe meinen Koffer“ spielen. Spielen Sie in kleineren Gruppen und evtl. ohne dass ein Kind ausscheidet, wenn es einen Fehler macht. Die Spielzeit kann dann durch eine Rundenanzahl begrenzt werden. Das erste Kind sagt zum Beispiel „Ich packe meinen Koffer und nehme den Teddy mit.“ Das zweite Kind wiederholt den Satz und ergänzt einen Gegenstand: „Ich packe meinen Koffer und nehme den Teddy und meine Zahnbürste mit.“ Das dritte Kind wiederholt die vorher genannten Gegenstände und ergänzt wieder, was es noch einpacken würde usw. Hierbei muss je nach Können auch nicht auf die richtige Reihenfolge geachtet werden. Wenn ein Kind einen Gegenstand vergisst, können Sie oder die anderen Kinder gerne helfen. Gestaltet sich das Spiel alszu schwierig, können die Kinder auch nur Gegenstände aus dem Gruppenraum nehmen. Diese werden dann in die Mitte gelegt und als Erinnerungshilfe genutzt.

Kopiervorlage „Memo-Spiel“

Der Hund holt den Stock.

Der Hund macht Sitz.

Der Hund schwimmt.

Der Hund bellt.

Der Vogel fliegt.

Der Vogel singt.

Die Katze fängt die Maus.

Die Katze spielt mit dem Wollknäuel.

Die Katze schläft.

Die Katze leckt sich die Pfoten.

Der Frosch hüpft.

Der Frosch fängt den Käfer.

Kopiervorlage „Koffer“

Der Weg zur Hexe (ab 3 Jahren)

Der Hund möchte der Hexe ihren Hut wiederbringen.
Zeichne den richtigen Weg zur Hexe ein.

Pustespiel „Ich blase die Wolken weg!“ (für 4 Kinder, ab 3 Jahren)

Material:
1 blaue Unterlage (z. B. eine blaue Tischdecke oder ein großes Stück blaue Pappe), Wattebäusche, Strohhalme

Arbeitsanleitung:
Verteilen Sie die Wattebäusche auf der blauen Unterlage. Die Kinder, es sollten nicht mehr als vier auf einmal sein, erhalten einen Strohhalm. Erklären Sie den Kindern: „In der Geschichte wird der Hut und die Schleife vom Wind weggeweht. Nun seid ihr der Wind und ihr blast alle Wolken weg.“ Dann dürfen die Kinder lospusten und versuchen, die Wattebäusche von der blauen Unterlage zu fegen. Dabei können Sie vorgeben, auf welcher Seite die Wolken heruntergepustet werden sollen. Animieren Sie die Kinder, mal vorsichtig und mal kräftig zu pusten. Sagen Sie zum Beispiel: „Nun kommt ein leichter Wind. Bewegen sich die Wolken da gleich schnell? Probiert es aus.“ oder „Ein starker Wind bläst! Wie schnell kann er alle Wolken vertreiben?“
Hat ein Kind Schwierigkeiten, kann es den Strohhalm weglassen und so pusten.

Variante für größere Kinder:
Schaffen Sie einen Rand links und rechts von der blauen Unterlage, zum Beispiel mit Bauklötzen, sodass die Wattebäusche nicht zur Seite herunterfallen können. Auf den gegenüberliegenden offenen Seiten der Unterlage versuchen nun jeweils zwei Kinder gemeinsam, die Wattebäusche auf der anderen Seite herunterzupusten. Das Spiel geht entweder so lange, bis keine Wattebäusche mehr auf dem Tisch sind, oder es wird nach einer festgelegten Zeit gestoppt. Das Team, das die meisten Wattebäusche bei den anderen heruntergepustet hat, hat gewonnen.

Mitmach-Reim „Wer sitzt hier auf dem Besen?“ (ab 3 Jahren)

Material:
Kissen, ggf. Bildkarten der Tiere (s. S. 6)

Arbeitsanleitung:
Setzen Sie sich mit den Kindern auf den Boden auf Sitzkissen. Besprechen Sie mit den Kindern, welche Geräusche die Tiere in der Geschichte machen. Zeigen Sie ggf. dazu die Bilder der Tiere.
Sprechen Sie mit ihnen dann den folgenden Reim. Die Hände klatschen dabei rhythmisch auf die Oberschenkel, immer bei den fettgedruckten Silben. Für eine langsamere Variante klatschen Sie nur jedes zweite Mal. Die Kinder können gerne das jeweilige Tiergeräusch etwas lauter rufen.

Wer **sitzt** hier **auf** dem **Be**sen?
Wer **ist** das **nur** ge**we**sen?
Vogel, **Kat**ze, **Frosch** und **Hund**
und jetzt **geht** es **wirk**lich **rund!**

Der **Vo**gel **macht** piep-**piep** und **fliegt,**
die **Kat**ze **schreit** mi**au.**
Der **Frosch** macht **quak,** er **hüpft** ganz **weit,**
der **Hund** bellt **laut** wau-**wau.**

Text: Mareike Brombacher

Horch mal, der Hund – Ein Sprech- und Hördomino (ab 4 Jahren)

Material:
Kopiervorlage „Domino“ (s. 16/17), Tonkarton, evtl. Kleber und 1 Schere

Vorbereitung:
Kopieren Sie die Vorlage „Domino“ auf Tonkarton. Sie kann auch ausgedruckt, auf Tonkarton geklebt und ausgeschnitten werden. Auf jeder Karte sind zwei Bilder eines Tier oder eines Gegenstandes zu sehen. **Wichtig:** Gehen Sie zur Vorbereitung mit den Kindern alle Kartenmotive einmal durch und machen Sie das jeweilige Geräusch vor, damit sie es einmal gehört haben und erkennen.

Arbeitsanleitung:
Ziehen Sie eine Dominokarte, lassen Sie die Kinder die Motive nicht sehen. Machen Sie nacheinander die passenden Geräusche. Die Kinder raten jeweils, was dieses Geräusch macht. Schauen Sie gemeinsam auf die Karte, ob es stimmt. Legen Sie sie dann auf den Tisch. Nun zieht ein Kind verdeckt die nächste Dominokarte vom Stapel oder von einem gemischten Haufen, macht die entsprechenden Geräusche und prüft, ob es die Karte anlegen kann. Ist zum Beispiel ein Esel und Vogel zusehen, macht es erst „i-ah!“ und anschließend „piep-piep“. Erraten die anderen Kinder die Tiere? Dann schauen alle gemeinsam die Bilder auf der gezogenen Karte an. Kann die Dominokarte nicht angelegt werden, behält das Kind diese bei sich. Vielleicht kann es sie in der nächsten Runde anlegen. Dann ist das nächste Kind an der Reihe, zieht eine Karte usw. Wer zuerst alle Dominokarten loswerden konnte, hat gewonnen.
Es ist aber zu empfehlen, das Spiel immer so lange zu spielen, bis alle Kinder ihre Karten anlegen konnten. So entsteht im Verlaufe des Spiels auf dem Tisch eine lange Dominoreihe, die mit Geräuschen „gelesen“ werden kann. So können die Kinder sehr gut Lautmalereien und Sprache miteinander verknüpfen und ganz nebenbei viele Begriffe lernen.

Mundmotorik mit dem Frosch (ab 2 Jahren)

Material:
Übungen „Mundmotorik mit dem Frosch“ (s. S. 18), 1 großer Spiegel im Gruppenraum oder 1 kleiner Spiegel pro Kind

Arbeitsanleitung:
Die Kinder bekommen ihren Spiegel bzw. setzen sich vor den Spiegel im Gruppenraum.
Leiten Sie ein: „Ein Frosch hat ein lustiges Maul. Wir wollen einmal schauen, wie wir das nachmachen können. Wir probieren aus, was unser Froschmaul alles kann. Schaut genau im Spiegel, was eure Lippen und auch eure Zunge machen.“ Machen Sie dann die Übungen zusammen mit den Kindern.

Kopiervorlage „Domino“ (1)

Kopiervorlage „Domino“ (2)

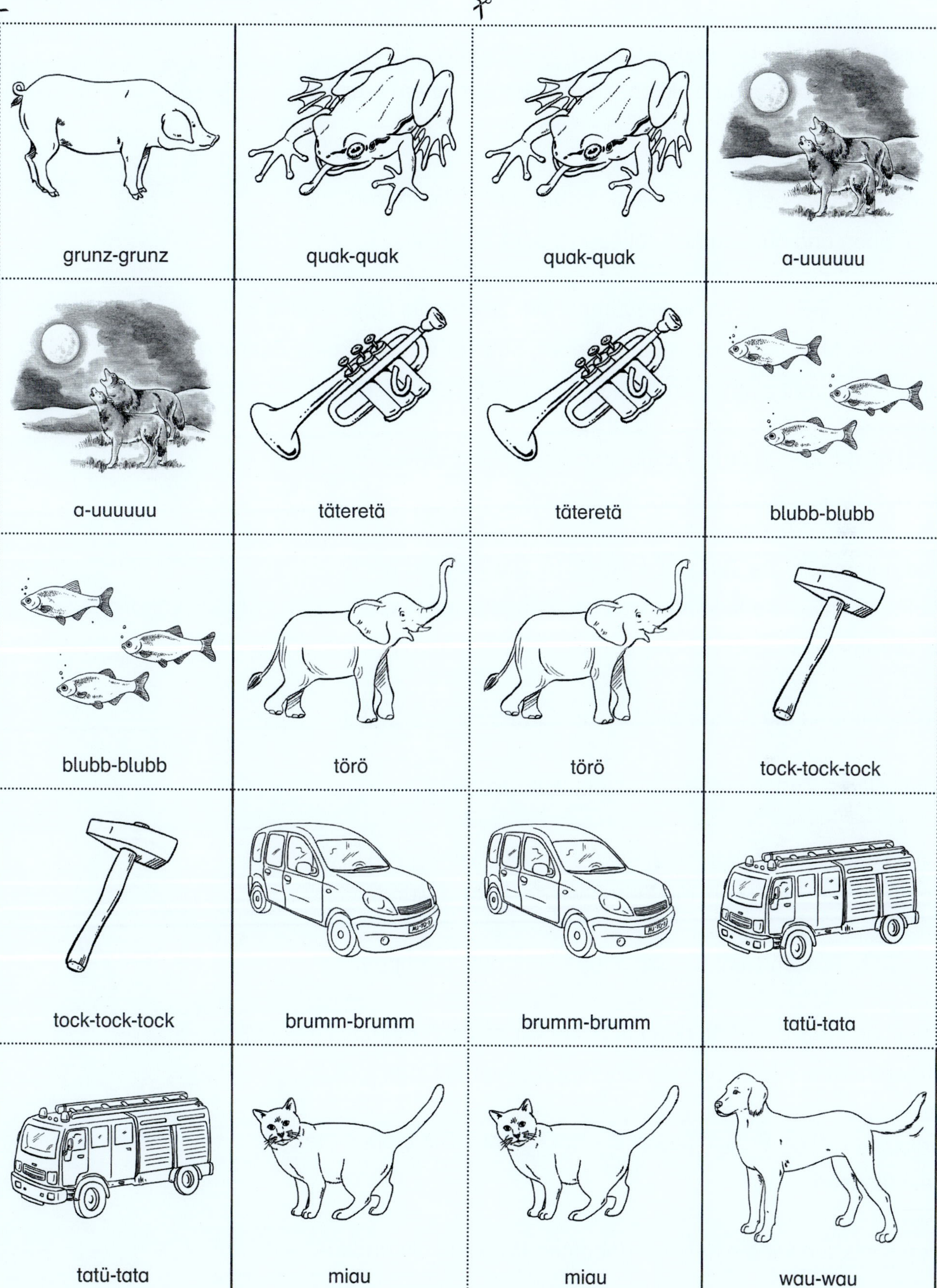

Übungen „Mundmotorik mit dem Frosch“

Zuerst kommt der Breitmaulfrosch. Wir halten die Lippen geschlossen und ziehen sie ganz breit, wie bei einem breiten Grinsen.

Nun wollen wir den Kuss-Frosch nachahmen. Wir spitzen die Lippen und öffnen und schließen sie im Wechsel.

Der Zahnlos-Frosch hat keine Zähne. Wir ziehen die Lippen ganz weit ein in den Mund. Schaut in den Spiegel. Seht ihr wirklich keine Zähne mehr? Versucht einmal, so etwas zu sagen. Das klingt lustig!

Jetzt ist die Zunge dran. Damit machen wir den Zirkus-Frosch nach. Streckt sie einmal ganz weit heraus.

Und nun macht die Zunge Kunststücke. Sie wandert hoch Richtung Nase. Kann jemand mit der Zunge seine Nase berühren?

Dann wandert die Zunge wieder nach unten Richtung Kinn.

Nun will die Zunge einmal schauen, was rechts ist.

Jetzt ist die Zunge neugierig und schaut nach links. Am Ende der Kunststücke kommt die Zunge wieder in den Mund.

Der Trotz-Frosch zieht die Unterlippe über die Oberlippe.

Wenn das geklappt hat, dann machen wir es noch einmal andersherum. Wir ziehen die Oberlippe über die Unterlippe.

Der Dickbacken-Frosch pustet die Backen auf. Die Lippen bleiben geschlossen.

Nun schieben wir die Luft von der einen Backe in die andere.

Jetzt ist das Froschmaul müde. Wir entspannen das Gesicht und schütteln es einmal aus.

Lied: Alle froh! (ab 2 Jahren)

Material:
Bilderbuch „Für Hund und Katz ist auch noch Platz",
Lied „Alle froh!" (s. u.)

Arbeitsanleitung:
Singen Sie gemeinsam mit den Kindern das folgende Lied zur Geschichte. Es bietet sich an, für dieses Lied einige der Bilder aus dem Bilderbuch größer zu kopieren und während dem Lied zu zeigen.

Melodie: Hänschen klein
Text: Mareike Brombacher

Alle froh!

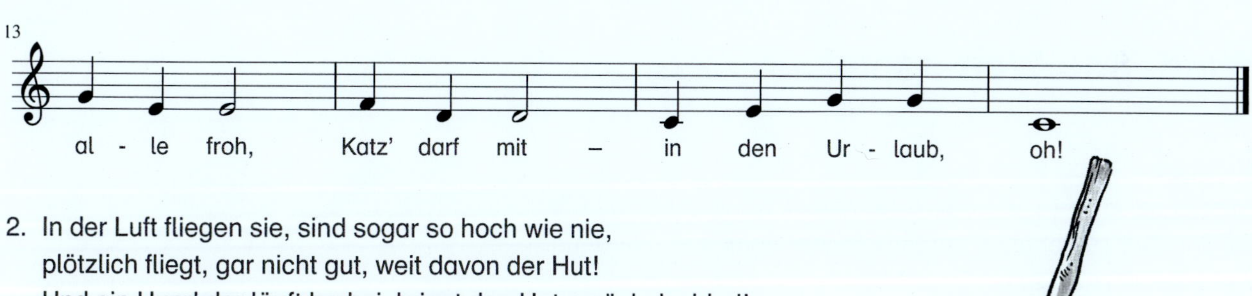

2. In der Luft fliegen sie, sind sogar so hoch wie nie,
plötzlich fliegt, gar nicht gut, weit davon der Hut!
Und ein Hund der läuft herbei, bringt den Hut zurück, juchhei!
Alle froh, Hund darf mit, in den Urlaub oh!

3. Plötzlich, ei, fliegt vorbei, die Schleife von dem Hexelein!
Vogel fliegt, ist so lieb, hat den Wind besiegt!
In dem Schnabel trägt er fein die Schleife für das Hexelein,
Alle froh, Vogel mit, in den Urlaub, oh!

4. Vier sind sie, schwer wie nie, auf dem Besen fliegen sie.
Zauberstab, fällt hinab – nun geht es bergab!
Doch da kommt der Frosch gehüpft, das ist ja ein großes Glück,
Alle froh, Frosch kommt mit, in den Urlaub, oh!

5. Besen, ei, glatt entzwei, und der Drache kommt herbei.
Aus dem Sumpf stapeln sich alle fürchterlich!
Angst des Drachens ist so groß, lässt geschwind die Hexe los.
Alle froh, Hex' kommt mit, in den Urlaub, oh!

Lied: Kommt ein Vogel geflogen (ab 2 Jahren)

Arbeitsanleitung:
Die Kinder setzen sich auf den Boden in einen Kreis. Dann lernen sie gemeinsam mit Ihnen den etwas umgedichteten Kinderlieder-Klassiker „Kommt ein Vogel geflogen“ und machen Bewegungen dazu.

Liedtext	Bewegungen
Kommt ein Vogel geflogen,	*Die Kinder strecken die Arme aus und machen Flugbewegungen.*
setzt sich nieder auf mein'n Hut,	*Die Kinder formen mit ihren Händen ein Dreieck auf dem Kopf als Hut.*
hat mein Schleifchen im Schnabel,	*Die Kinder formen mit den Händen einen Schnabel vor dem Mund und öffnen und schließen ihn.*
da verfliegt meine Wut.	*Die Kinder legen die Hände aufs Herz.*
Lieber Vogel, flieg mit mir,	*Die Kinder winken mit der Hand zu sich heran.*
für dich ist auch noch ein Platz,	*Die Kinder zeigen auf den Platz neben sich.*
es macht so viel Spaß hier,	*Die Kinder hüpfen freudig.*
setz dich einfach zur Katz'.	*Die Kinder setzen sich und heben ihre Hände an den Kopf als Katzenohren und wackeln damit.*

Wind- und Wetterspiel (ab 2 Jahren)

Material:
Tamburine, kleine und größere Trommeln, die in der Hand oder auf dem Schoß gehalten werden können, Anleitung „Wind- und Wetterspiel“ (s. S. 21)

Arbeitsanleitung:
Die Kinder setzen sich in einen Kreis auf den Boden. Jedes Kind hat ein Tamburin oder eine Trommel vor sich auf dem Boden liegen.

Leiten Sie ein: „In der Geschichte bläst der Wind sehr stark. Was gibt es noch für Wetterarten und wie können wir sie nachmachen?“ Lassen Sie die Kinder überlegen und mit den Instrumenten experimentieren. Fällt es den Kindern schwer, können Sie auch die Geräusche mit vormachen und die Kinder jeweils fragen, an welches Wetter die Geräusche sie erinnern (streichen: Wind – mit den Fingern trommeln: Regen – laut mit der Hand trommeln: Donner ...).
Danach spielen Sie gemeinsam das Wind- und Wetterspiel.

Anleitung „Wind- und Wetterspiel“

Gerade scheint die Sonne!	*Die Kinder heben Arme und Hände zu einem großen Kreis über ihren Kopf und summen „Sonne“.*
Nun kommt ein leichter Wind auf.	*Die Kinder streichen mit einer Hand über das Tamburin/die Trommel.*
Der Wind wird stärker, es wird ein Sturm!	*Die Kinder streichen schneller.*
Es fängt an, leicht zu tröpfeln.	*Die Kinder trommeln leise mit den Fingern.*
Nun wird der Regen immer stärker und stärker.	*Die Kinder trommeln immer lauter und schneller mit den Fingern.*
Es hagelt!	*Die Kinder trommeln laut mit beiden Händen.*
Plötzlich hört man Donner!	*Die Kinder schlagen einmal laut auf ihr Tambourin/ihre Trommel.*
Ein Gewitter zieht auf! Es blitzt!	*Die Kinder trommeln mit beiden Händen und machen dabei „tzsch“ (das „sch“ ganz lang ziehen).*
Und wieder Donner!	*Die Kinder schlagen einmal laut auf ihr Tambourin/ihre Trommel.*
Und noch ein Blitz!	*Die Kinder trommeln mit beiden Händen und machen dabei wieder „tzsch“.*
Es donnert wieder ganz doll!	*Die Kinder schlagen einmal laut auf ihr Tambourin/ihre Trommel.*
Das Gewitter ist vorbei. Der Regen wird weniger und immer weniger.	*Die Kinder trommeln immer leiser und schließlich nur noch mit den Fingern.*
Nun tröpfelt es nur noch.	*Die Kinder trommeln leicht und nur noch mit den Fingerspitzen.*
Noch weht ein wenig Wind. Er wird immer schwächer.	*Die Kinder reiben das Trommelfell immer leiser und langsamer, bis es fast lautlos ist.*
Jetzt ist es still. Die Wolken gehen wieder weg und die Sonne scheint.	*Die Kinder formen mit Armen und Händen einen großen Kreis über dem Kopf summen „Sonne“.*
Das habt ihr super gemacht!	*Alle klatschen.*

Mein eigener bunter Hexenbesen (ab 3 Jahren)

Material:
1 Stock pro Kind, 3 Moosgummimatten (DIN A3) in verschiedenen Farben pro Kind, Scheren, Heißklebepistole, Paketschnur

Vorbereitung:
Machen Sie mit den Kindern einen Wald- oder Parkspaziergang. Lassen Sie jedes Kind einen eigenen Stock finden, aus dem es seinen Hexenbesen basteln möchte. Der Stock sollte nicht länger sein als das Kind groß ist. Wenn Sie nicht die Möglichkeit für einen Spaziergang haben, dann bitten Sie die Kinder, einen Stock von zu Hause mitzubringen oder kaufen Sie Stöcke im Baumarkt.

Arbeitsanleitung:
1. Jedes Kind darf sich drei Moosgummimatten für seinen Besen aussuchen. In eine Längsseite der Moosgummimatten werden je etwa bis zur Hälfte Fransen eingeschnitten. Helfen Sie den Kleineren dabei.
2. Die Matten werden jeweils leicht versetzt (ca. 5 cm) mit der fransigen Seite nach unten um das Ende des Stockes gewickelt. Kleben Sie sie mit der Heißklebepistole fest.
3. Die oberste Moosgummimatte wird oben mit der Paketschnur umwickelt.

Fertig sind die bunten Besen! Nun können die Kinder durch den Raum „fliegen“. Guten Flug!

Meine eigenen Klammer-Tiere (ab 3 Jahren)

Material:
Kopiervorlage „Tiere“ (s. S. 23/24), weißer Tonkarton, Scheren, Buntstifte oder Wachsmaler, 1 Wäscheklammer pro Kind, Kleber

Vorbereitung:
Jedes Kind darf sich eines der Tiere zum Basteln wünschen. Kopieren Sie dementsprechend die Vorlagen mehrfach auf weißen Tonkarton und schneiden Sie den Tonkarton zwischen den Vorlagen auseinander. Teilen Sie die Stücke Tonkarton und Wäscheklammern an die Kinder aus.

Arbeitsanleitung:
1. Jedes Kind malt die Ober- und Unterseite seines Tieres nach eigener Vorstellung an.
2. Die Kinder schneiden mit Ihrer Hilfe die Tiere aus.
3. Nun kleben die Kinder die Oberseite des Tieres auf die eine Seite der Wäscheklammer, die Unterseite auf die andere Seite. Schreiben Sie ggf. den Namen des Kindes an eine Seite der Wäscheklammer. So könne die Tiere immer gut zugeordnet werden.

Fertig sind die Klammer-Tiere! Mit diesen können die Kinder Notizen oder kleine Bilder zusammenklammern. Sie können außerdem als Dekoration verwendet werden, zum Beispiel bei Kindergeburtstagen oder im Gruppenraum während des Projektes. Die Kinder können sie auch ihren Eltern schenken.

Tipp: Laden Sie die Kinder zum Rollenspiel mit den Klammer-Tieren ein.

Kopiervorlage „Tiere“ (1)

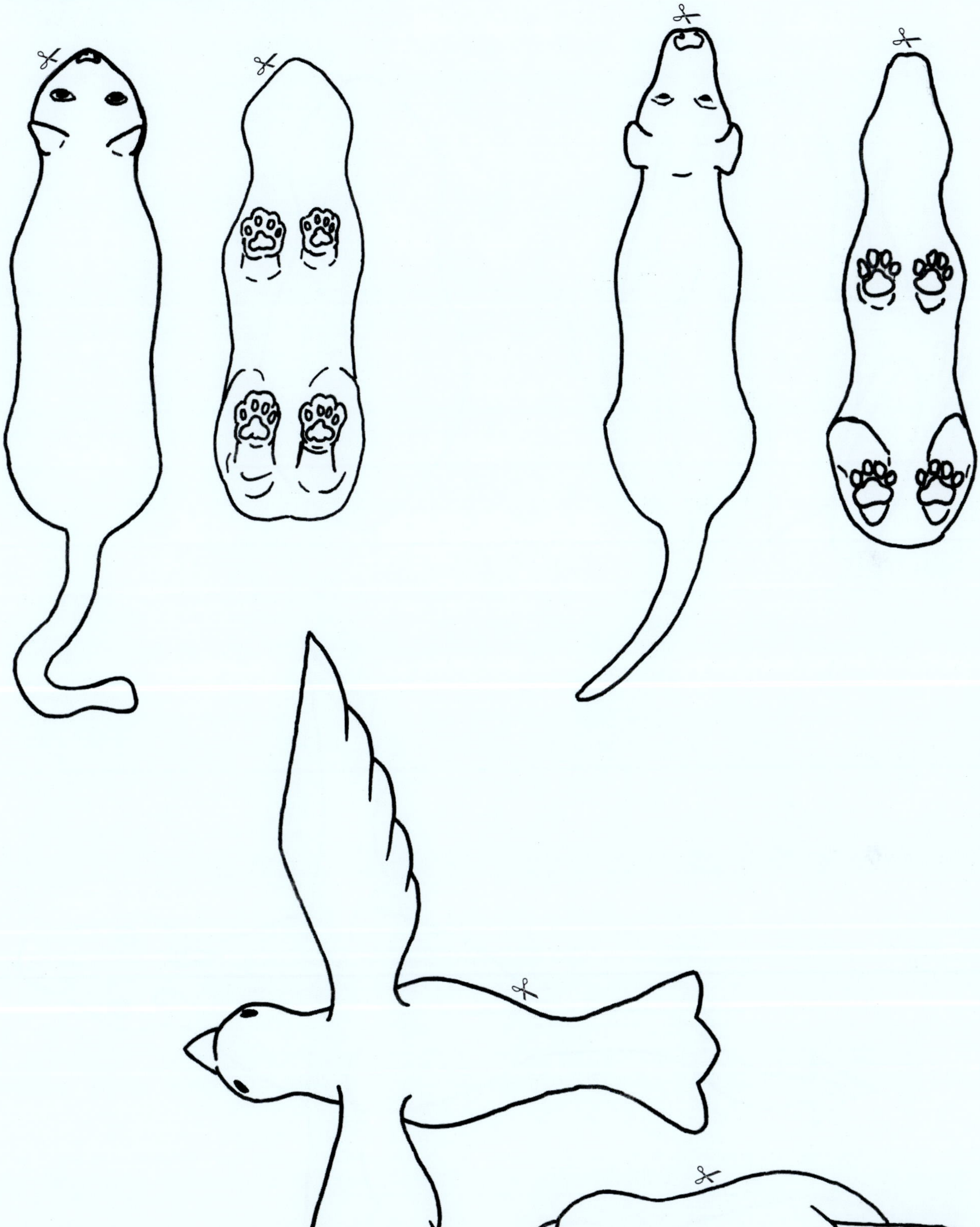

Kopiervorlage „Tiere“ (2)

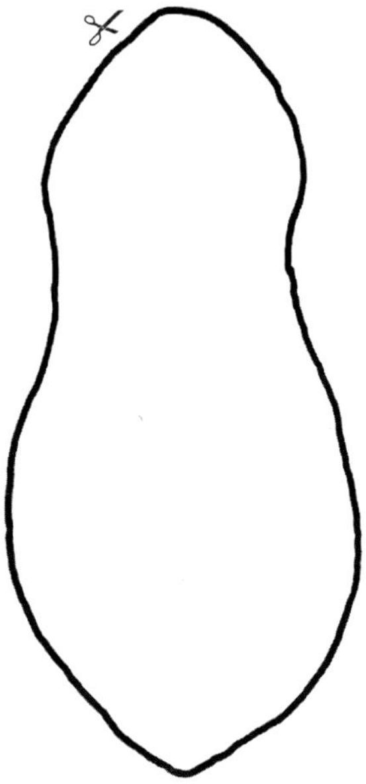

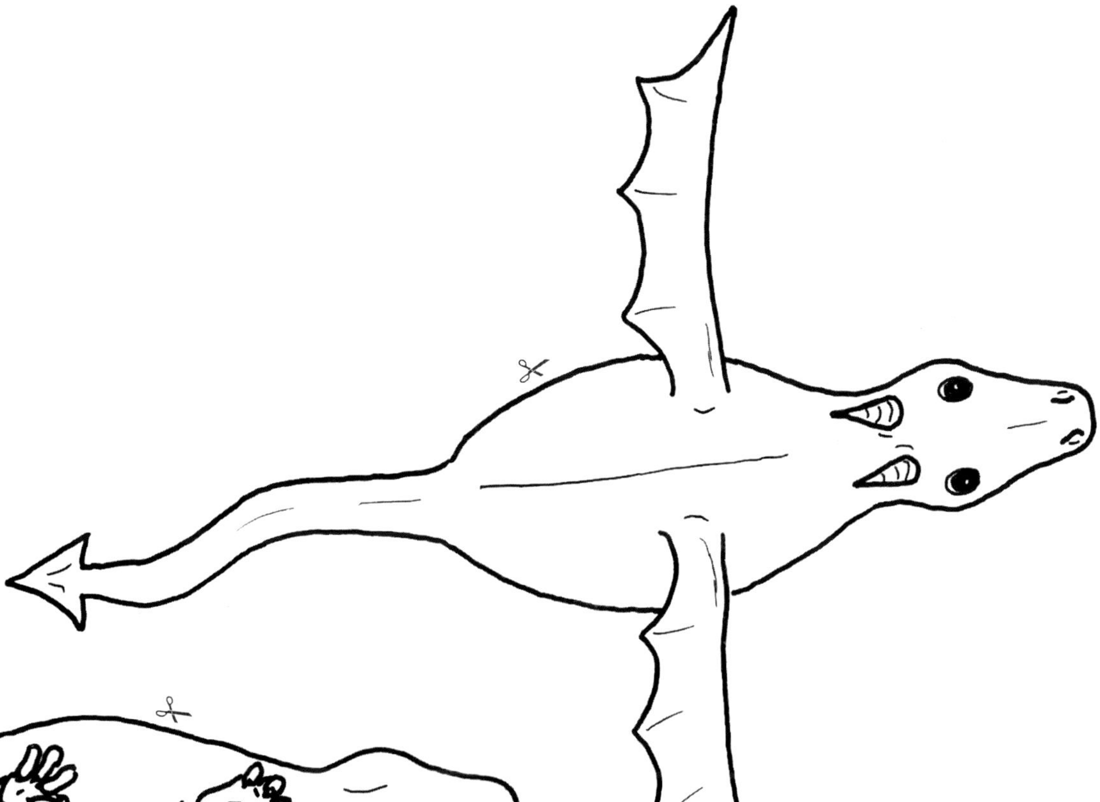

Feueralarm! (ab 2 Jahren)

Material:
Bilderbuch „Für Hund und Katz ist auch noch Platz“, Zeitungspapier, großes Malpapier (mindestens DIN A3), Fingerfarben und / oder Wasserfarben in Gelb, Rot, Orange und Schwarz, Wassergläser, Pinsel, Malkittel, Wäscheleine und Klammern, leere Dosen oder Plastikbecher, ggf. Taschenlampen oder andere Leuchtmittel

Vorbereitung:
Bereiten Sie einen Basteltisch vor, um den alle herumsitzen können. Legen Sie ihn mit Zeitungspapier aus und stellen Sie die Materialien bereit.

Arbeitsanleitung:
Überlegen Sie mit den Kindern, wo in der Geschichte Feuer vorkommt. Zeigen Sie den Kindern noch einmal die entsprechenden Seiten im Bilderbuch, in denen der Drache Feuer spuckt und die Hexe ein Feuer macht, um den Zauberbrei zu kochen.

Fragen Sie die Kinder:

- „Wo gibt es noch Feuer? Wo hast du schon einmal Feuer gesehen?“ (Kamin, Kerze, Feuerzeug, Streichhölzer, Lagerfeuer, ...)
- „Wozu ist Feuer nützlich? Denkt daran, wofür die Hexe Feuer braucht.“ (Wärmen, Kochen, Licht, ...)
- „Warum kann Feuer auch gefährlich sein? Denkt nur an den Drachen!“ (Häuser oder Wälder können abbrennen, man kann sich verbrennen, ...)
- „Wer hilft, wenn es irgendwo brennt?“ (die Feuerwehr)
- „Es gibt einen Notruf für die Feuerwehr, wer kennt ihn?“ (112)
- „Welche Farbe hat Feuer?“ (Gelb, Orange, Rot, Blau)

Teil 1:
Nun gestalten die Kinder selbst ein Feuer und malen Flammen. Wenn Sie mögen, können Sie das Papier vorher anfeuchten, damit die Feuerfarben ineinander verlaufen. Lassen Sie die Bilder trocknen.
Hängen Sie die Feuerbilder an einer Wäscheleine nebeneinander im Gruppenraum auf, damit eine feurige Ausstellung entsteht.

Teil 2:
Jedes Kind malt ein Blatt komplett in den Feuerfarben aus und schneidet es dann in ca. 3 cm breite Streifen. Die jüngeren Kinder brauchen ggf. Ihre Hilfe dabei. Nun wird jeweils ein Büschel der Streifen in die Dosen oder Becher gesteckt. Stellen Sie auch gerne eine Taschenlampe oder ein anderes Leuchtmittel in die Behälter, um lodernde „Flammen“ zu kreieren.
Stellen Sie die Dosen oder Becher in einem Abstand von ca. 2 Metern in einem Halbkreis im Raum oder auch draußen auf der Freifläche auf. Fertig sind die brennenden Feuer, die im Slalom umrundet werden. Die Kinder freuen sich bestimmt, wenn sie auf ihren eigenen Hexenbesen (s. S. 22) hindurchfliegen können.

Viel Spaß – und nichts anbrennen lassen!

Tipp:
Die Bastelarbeit können Sie gut mit dem Angebot „Hilfe rufen“ (s. S. 37) verbinden.

Unsere Hauskatzen (ab 3 Jahren)

Material:
Bildkarten „Katzensprache“ (s. u.), 1 Schere, ggf. Buntstifte, ggf. 1 Laminiergerät und -folie, Geschichte „Aus dem Tag einer Katze“ (s. S. 28)

Vorbereitung:
Schneiden Sie die Bildkarten aus. Sie können diese auch gemeinsam mit den Kindern ausmalen und ggf. anschließend laminieren.

Arbeitsanleitung:
Setzen Sie sich mit den Kindern in einen Stuhlkreis. Leiten Sie ein: „Wir reden heute über Katzen, denn auch die Hexe in unserer Geschichte hat eine Katze. Sie fliegt sogar auf dem Besen mit.“ Nehmen Sie dann das Bild von der entspannten Katze zur Hand und fragen Sie die Kinder einige Dinge, um mit ihnen ins Gespräch zu kommen:

- „Hat jemand von euch eine Katze?“
- „Hat einer von euch schon einmal eine Katze gestreichelt? Wie war das?“
- „Wie sehen Katzen aus?“
- „Was braucht eine Katze?“ (Futter, Wasser, Katzenklo, Kratzbaum, Spielzeug, viel Schlaf)
- „Welche Laute machen Katzen?“

Legen Sie anschließend die Bildkarten in die Mitte zwischen die Kinder. Gehen Sie mit ihnen zunächst die Körpersprache der Katzen durch. Fragen Sie die Kinder, woran man das Befinden der Katze erkennen kann (Ohren, Schwanzstellung, Laute, ...). Lesen Sie den Kindern die Geschichte „Aus dem Tag einer Katze“ vor. Die Kinder sollen genau zuhören. Wenn das Befinden der Katze beschrieben wird, sollen die Kinder die passende Karte zur Körpersprache hochhalten. Diese Stellen sind im Text fettgedruckt. Hier bietet es sich ebenfalls an, den Kindern offene Fragen zu der Geschichte zu stellen und ihre Interessen aufzugreifen.

Bildkarten „Katzensprache“

Bitte hochkopieren.

Geschichte „Aus dem Tag einer Katze“

Morgens trabt Sammy, der getigerte Kater, in Tianas Zimmer und **streicht um ihre Beine. Dabei hält er seinen Schwanz hoch und schnurrt leise.** Wie er sich freut, sie zu sehen! Tiana streichelt ihn.
Jetzt hat er Lust auf Spielen. **Er streckt seinen Hintern und seinen Schwanz in die Höhe.** Tiana holt auch schon sein Lieblingsspielzeug, eine kleine Stofftiermaus an einem Faden. Auf Samtpfoten schleicht er sich an. Er geht **in die Hocke, fährt seine Krallen aus und bereitet sich auf den Sprung vor.** Und dann … Hops! Da hat Tiana die Maus schon weggezogen. Sammy jagt wild hinterher und Tiana muss lachen. Was ein Spaß!

Nach dem Spielen schärft Sammy sich erst wieder die Krallen, bevor er es sich auf seinem Kissen bequem macht. **Er legt sich auf die Seite und entspannt seinen ganzen Körper.** Schon bald döst er vor sich hin.
Als Tiana ihn streicheln möchte, hat er eigentlich keine Lust darauf. **Er wedelt gereizt mit seinem Schwanz hin und her. Mit grummeligem Blick beäugt er Tiana.** Sie lächelt nur und lässt ihn in Ruhe weiterdösen. Sie ist Sammy nicht böse, manchmal möchte sie ja auch ihre Ruhe.

Am Abend wird Sammy wieder munter und huscht durch die Katzenklappe in den Garten. Er kriecht unter den Büschen am Zaun entlang und schnuppert. **Seine Ohren sind gespitzt und sein Schwanz steht nach oben.** Es gibt so viel zu entdecken!
Da hört er ein lautes Geräusch. Sammy macht sich ganz klein, seine Ohren sind angelegt. Wo kam das nur her? Angespannt lauscht er. Da spritzt plötzlich Wasser auf ihn. Erschrocken hüpft Sammy aus dem Gebüsch. **Er macht einen Buckel, sein Fell sträubt sich und er faucht wütend**. Da erschreckt sich auch Tianas Vater, der gerade den Garten wässert. „Huch! Oh, du bist es Sammy. Das tut mir leid, ich habe dich gar nicht gesehen.“ Tröstend krault er Sammy hinter den Ohren.

Sammy streift dann noch die ganze Nacht weiter durch den Garten. Es wird dunkel, aber das macht ihm nichts. Auch ohne viel Licht kann er gut sehen und mit seinen Schnurrhaaren tastet er. Am Morgen geht Sammy ins Haus und kuschelt sich zu Tiana ins Bett. Wie schön warm das ist!

Wie leben Hunde? (ab 3 Jahren)

Material:
Kopiervorlage „Hunderassen“ (s. S. 29), 1 Schere, ggf. Stifte, ggf. 1 Laminiergerät und -folie

Vorbereitung:
Kopieren Sie die Bildkarten der Hunderassen für jedes Kind und schneiden Sie sie aus. Die Karten können auch passend angemalt und zur besseren Haltbarkeit laminiert werden.

Arbeitsanleitung:
Setzen Sie sich mit den Kindern in einen Stuhlkreis. Zeigen Sie den Kindern eines der Hundebilder und leiten Sie das Thema ein: „Wisst ihr noch, welches Tier der Hexe ihren Hut wiederbringt? Genau, der Hund! Nicht nur die Hexe, auch viele andere haben einen Hund als Freund und Begleiter. Hat einer von euch einen Hund? Oder ist jemand von euch schon einmal einem Hund begegnet?“ Die Kinder dürfen frei von ihren Hunden oder ihren Erfahrungen mit Hunden erzählen. Kommen Sie in einen Dialog mit den Kindern. Dabei können sie folgende Anregungen nutzen:

- „Wie sehen Hunde aus?“
- „Von welchem wilden Tier stammen Hunde ab?“ (Hunde stammen vom Wolf ab. Daraus entstanden nach und nach Haushunde und die zahlreichen Rassen.)
- „Welche Hunderassen kennt ihr?“ (Zeigen Sie die Bildkarten.)
- „Was können Hunde gut?“
- „Kennt ihr Hunde, die *Berufe* haben?“ (Jagdhunde, Hütehunde, Wachhunde, Blinden- und Begleithunde, Spürhunde …)
- „Was braucht ein Hund?“ (Futter, Wasser, Auslauf, Beschäftigung, Erziehung …)
- „Was fressen Hunde?“ (Sie sind Allesfresser, aber am liebsten fressen sie Fleisch.)
- „Woran erkennen wir, wie es dem Hund geht?“ (Körperhaltung, Schwanzstellung und -bewegung, Stellung der Ohren, Laute, Zähne fletschen ...)

Die Kinder sollten ein wenig über die Hundesprache erfahren, um einschätzen zu können, wann sie sich einem Hund nähern dürfen und wann sie besser Abstand halten. Nuzten Sie dazu folgende Bildkarten:

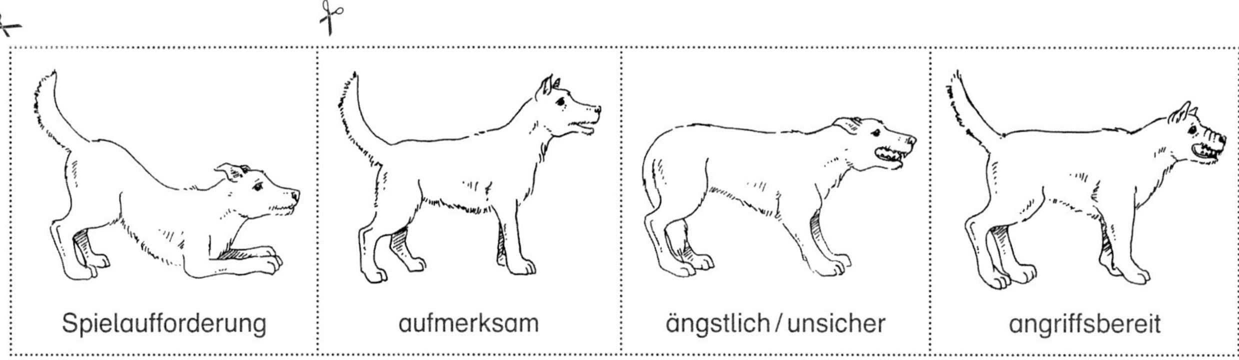

Spielmöglichkeit:
Die Kinder bekommen jeweils die acht Hundekarten und legen sie offen aufgedeckt vor sich ab. Sagen Sie: „Es gibt 400 verschiedene Hunderassen, zum Beispiel Pudel, Dackel oder Dogge. Kennt ihr auch Rassen? Ich sage jetzt eine Rasse und ihr zeigt mir das richtige Bild dazu.“ Anschließend machen Sie es dann umgekehrt: Zeigen Sie das Bild und lassen Sie die Kinder eine der bekannten Hunderassen benennen.

Mit den Bildkarten kann auch ein Memo-Spiel gespielt werden. Kopieren Sie die Karten dazu zwei Mal.

BVK • Mareike Brombacher: Literacy-Projekt zu Axel Scheffler / Julia Donaldson „Für Hund und Katz ist auch noch Platz“

Bildkarten „Hunderassen“

Wie leben Vögel? (ab 4 Jahren)

Material:
Bilderbuch „Für Hund und Katz ist auch noch Platz“, Arbeitsblatt „So sieht ein Vogel aus" (s. S. 30)

Arbeitsanleitung:
Setzen Sie sich mit den Kindern in einen Stuhlkreis und zeigen Sie die Seiten im Bilderbuch, in der der Vogel auftaucht. Regen Sie ein Gespräch mit den Kindern an:

- „Wie sehen Vögel aus?“
- „Der Vogel im Buch ist ganz grün. Welche Farben können Vögel noch haben?“
- „Welche Vogelarten kennt ihr?“
- „Hat einer von euch einen Vogel als Haustier? Was ist das für ein Vogel?“
- „Was brauchen Vögel?“ (Käfig, Möglichkeit zum Fliegen, einen Partner, Futter, Wasser …)
- „Kennt ihr Vögel, die nicht fliegen können?“ (Pinguine, Emus, Strauße …)
- „Woher kommen die Küken? Können sie sofort fliegen?“

Zeigen Sie den Kindern dann den Vogel auf dem Arbeitsblatt. Welche Körperteile können die Kinder erkennen? Anschließend können die Kinder das Arbeitsblatt bearbeiten.

So sieht ein Vogel aus **(ab 4 Jahren)**

Verbinde die Körperteile richtig.

Die Tiere im Sumpf (ab 3 Jahren)

Material:
Das Bilderbuch „Für Hund und Katz ist auch noch Platz“, 1 Wanne, Erde, Wasser, wasserfestes und leicht zu reinigendes Spielzeug oder andere Gegenstände, 1 Eimer, ggf. 1 Fotoapparat, Seife, Handtuch

Arbeitsanleitung:
Zeigen Sie den Kindern die neunte Doppelseite im Buch, wo die Tiere aus dem Schlamm im Sumpf auftauchen. Lassen Sie die Kinder beschreiben, wie ein Sumpf aussieht. Erklären Sie den Kindern kurz, was ein Sumpf ist:
Ein Sumpf ist ein Stück nasses Land. Er entsteht an Ufern von Seen und flachen Flüssen. Durch das Wasser wird der Boden schlammig. In einem Sumpf wachsen viele besondere Pflanzen, die es nur dort gibt, zum Beispiel gibt es dort Schilfgras. In Sümpfen leben auch viele Tiere. Dazu gehören Libellen und viele andere Insekten. Aber auch die Sumpfschildkröte findet dort ihr Zuhause. Früher gab es mehr Sümpfe, aber die Menschen haben viele trockengelegt. Darauf haben sie Häuser, Straßen und Felder gesetzt. Heute weiß man, dass Sümpfe und ihre Bewohner wichtig für die Umwelt sind. Darum werden sie geschützt.

Jetzt können die Kinder selbst testen, wie sich so ein Sumpf anfühlt. Das geht am besten draußen bei wärmerem Wetter. Mischen Sie mit den Kinder Wasser und Erde in der Wanne zusammen, sodass ein recht fester Schlamm entsteht. Stellen Sie einen Eimer mit sauberem Wasser und das Spielzeug bzw. die Gegenstände bereit. Idealerweise haben Sie Figuren und Dinge aus dem Buch, aber es gehen auch Legosteine o. Ä. Die Kinder dürfen nun erst einmal testen, wie sich der Schlamm anfühlt.

Spielmöglichkeiten:

Schlammtasten
Zeigen Sie den Kindern dann das Spielzeug bzw. die Gegenstände. Geben Sie den Kindern etwas Zeit, sie zu betrachten. Legen Sie das Spielzeug bzw. die Gegenstände anschließend in den Schlamm und verbuddeln Sie sie etwas. Jetzt dürfen jeweils etwa 3 Kinder in dem „Sumpf“ auf Suche gehen. Wenn sie ein Spielzeug bzw. Gegenstand gefunden haben, versuchen die Kinder nur durch Tasten zu erraten, um was es sich handelt. Haben sie einen Tipp abgegeben, dürfen sie das Spielzeug bzw. den Gegenstand herausheben. Können sie schon erkennen, ob sie richtig lagen, oder sind die Tiere zu schlammig wie im Buch?
Die Kinder dürfen erneut raten, was es ist.
Ob sie richtig lagen, erfahren die Kinder, indem sie das Spielzeug bzw. den Gegenstand in dem Eimer mit Wasser abwaschen.

Schlammmonster raten
Die Kinder bauen aus dem Spielzeug bzw. den Gegenständen ihre eigenen Schlammmonster, indem sie diese mit Schlamm überziehen und dann stapeln. Können die Kinder erkennen, was sich unter dem Schlamm verbirgt? Machen Sie gerne Fotos von den Monstern, diese können dann in der Leseecke aufgehängt werden.

Zum Schluss können die Kinder das Spielzeug bzw. die Gegenstände und ihre Hände mit Seife sauber machen.

Wer ist denn hier gelaufen? (ab 3 Jahren)

Verbinde die Abdrücke richtig.

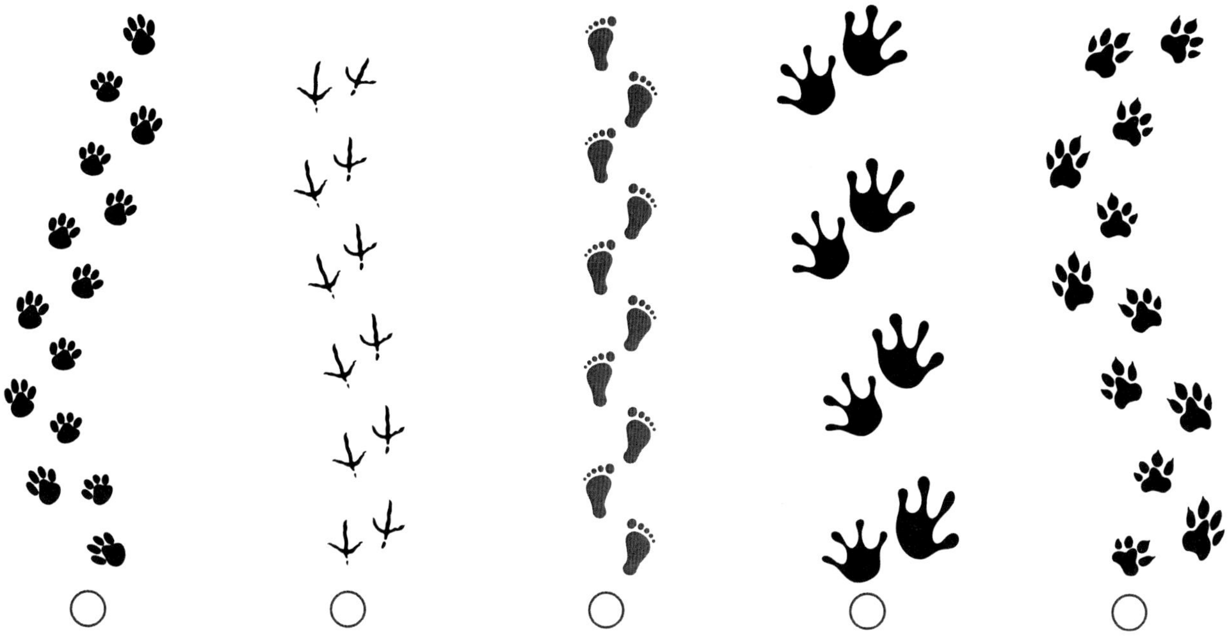

Wer kann fliegen? (ab 3 Jahren)

Male alles aus, was fliegen kann.

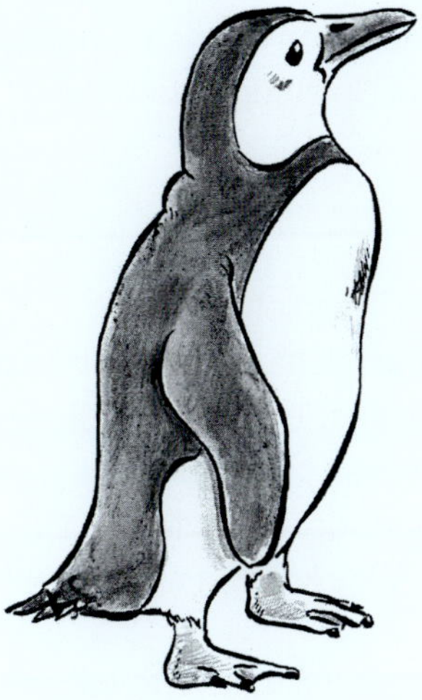

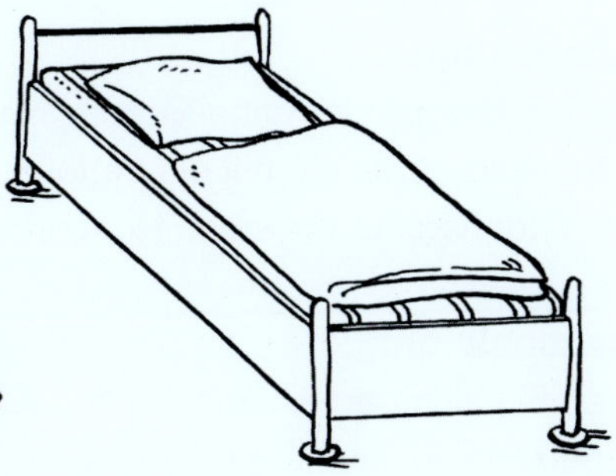

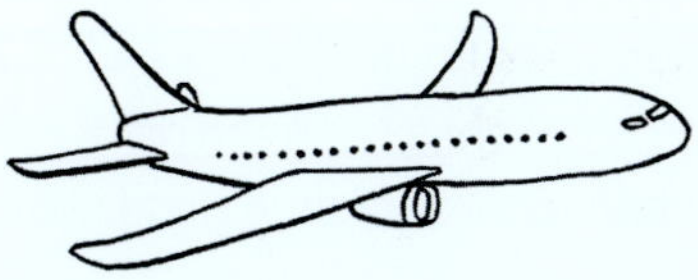

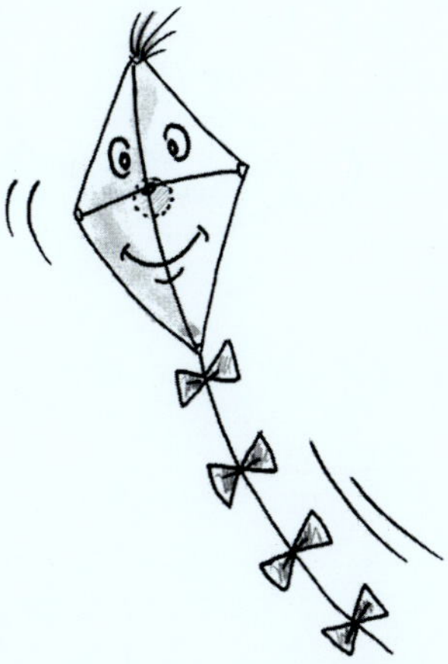

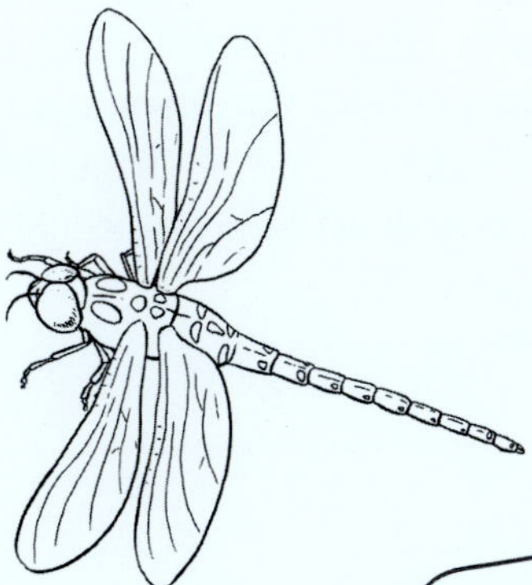

Ich sehe die Welt von oben (ab 5 Jahren)

Material:
Bilderbuch „Für Hund und Katz ist auch noch Platz“, Kopiervorlage „Lottokarten“ (s. S. 35/36), 1 Schere, ggf. Buntstifte, ggf. 1 Laminiergerät und -folie, ggf. Fotoapparat, ggf. Landkarte des Ortes

Vorbereitung:
Kopieren Sie die vier Lotto-Bögen jeweils zwei Mal. Malen Sie die Karten gerne zusammen mit den Kindern an. Schneiden Sie einmal die Lotto-Bögen und einmal die einzelnen Karten aus. Die Spielbögen und die Karten können zur besseren Haltbarkeit laminiert werden.

Arbeitsanleitung:
Sehen Sie sich gemeinsam mit den Kindern ein Bild an, auf der die Hexe fliegt, zum Beispiel die erste Doppelseite. Fragen Sie die Kinder, aus welcher Sicht die Hexe die Welt beim Fliegen sieht. Vielleicht ist ein Kind auch schon einmal mit einem Flugzeug geflogen oder stand schon einmal auf einer hohen Aussichtsplattform. Die Kinder können von diesem Erlebnis erzählen und wie die Welt von so weit oben aussieht.
Dann dürfen die Kinder Gegenstände aus der Kita sammeln. Jeweils ein Gegenstand wird in die Mitte gelegt und die Kinder schauen sich den Gegenstand von vorne auf Augenhöhe an. Was können sie sehen? Welche Form hat der Gegenstand?
Danach stellen die Kinder sich auf und schauen von oben auf den Gegenstand und beobachten wieder. Nach Möglichkeit können die Kinder auch Fotos von den Gegenständen aus den verschiedenen Perspektiven machen. So kann ein direkter Vergleich gemacht werden.

Lotto-Spiel:
Nehmen Sie nun die Lottokarten und lassen Sie die Kinder zunächst zuordnen, welche Karten zusammengehören.
Anschließend spielen Sie mit den Kindern ein Lotto nach den klassischen Regeln – nur, dass in diesem Fall immer das Bild aus der Normalperspektive und das passende Bild aus der Vogelperspektive zueinander gehören. Das Spiel kann mit je vier Kindern gespielt werden. Dazu bekommt jedes Kind einen Lotto-Bogen. Mischen Sie die Karten und legen Sie diese in die Mitte. Ziehen Sie nun eine Karte und zeigen Sie diese den Kindern. Wer das Gegenstück auf seiner Tafel entdeckt, sagt, was auf der Karte zu sehen ist und legt diese auf seinen Bogen. Wer zuerst seinen Bogen voll hat, hat gewonnen. Spielen Sie das Spiel aber gerne so lange, bis alle ihren Bogen ausgefüllt und somit ein Erfolgserlebnis haben.

Tipp:
Um das Spiel schwieriger zu gestalten, können die Kinder die Karten auch selbst verdeckt ziehen und beschreiben, was sie sehen. Die anderen Kinder müssen dann zunächst erraten, um welche Karte es sich handelt und ob sie das Gegenstück auf ihrem Bogen haben.
Außerdem bietet es sich an, eine Landkarte von der eigenen Stadt bzw. dem eigenen Dorf zu betrachten. Wie sind die Dinge hier von oben abgebildet? Können sie ihr Haus wiederfinden?

Kopiervorlage „Lottokarten“ (1)

Kopiervorlage „Lottokarten“ (2)

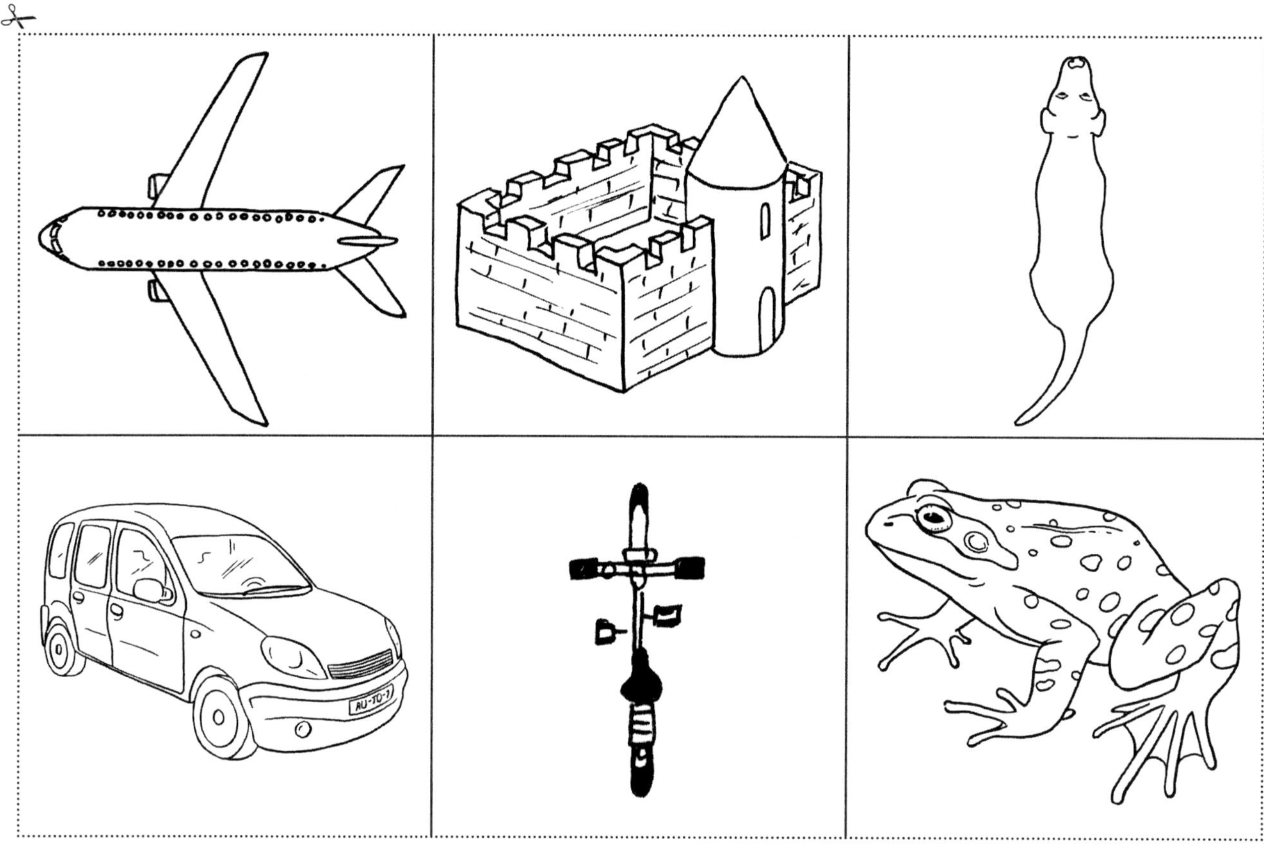

Hilfe rufen (ab 3 Jahren)

Material:
Kopiervorlage „Notfallkärtchen“ (s. S. 38), Scheren, Buntstifte, Kleber, evtl. 1 Laminiergerät und -folie

Vorbereitung:
Kopieren Sie die Notfallkärtchen für jedes Kind.

Arbeitsanleitung:
Besprechen Sie mit den Kindern: „Wenn uns etwas passiert, zum Beispiel wenn sich jemand verletzt oder es brennt, dann können wir Hilfe rufen. Wen können wir zum Beispiel rufen? (Feuerwehr, Polizei, Rettungsdienst…) Was genau machen diese Leute? (Die Kinder suchen Beispiele: Diebe fangen, Feuer löschen, Unfallstellen sichern, Verletzte versorgen …)“
Fragen Sie die Kinder, wen die Hexe wohl gerufen hätte, als sie fast von dem Drachen gefressen wurde. Kennen einige Kinder vielleicht auch schon die Nummern, die man wählen kann, um Hilfe zu erreichen? Erklären Sie, dass sie mit jedem Handy oder Telefon einen Notruf durchgeben können. Das kostet auch nichts. Die Telefonnummer für die Polizei ist 110 und die für die Feuerwehr und den Rettungsdienst ist 112. Eigentlich kann man mit beiden Nummern nicht viel falsch machen. Denn wenn die Polizei erfährt, dass es einen Unfall mit Verletzten gab, dann geben sie es dem Rettungsdienst weiter. Genauso sagt der Rettungsdienst der Polizei Bescheid. Gehen Sie mit den Kindern diesen Ablauf durch und üben Sie ggf. ein paar Mal, was bei einem Notruf zu sagen ist: Wo ist der Notfall? Was ist passiert? Den eigenen Namen nennen und dann abwarten und nicht auflegen.
Damit die Kinder sich diese Nummern und was zu sagen ist einprägen, basteln Sie mit ihnen kleine Notfallkärtchen. Die Kinder schneiden diese mit Ihrer Hilfe an den gepunkteten Linien aus und falten sie an der gestrichelten Linie. Anschließend bemalen sie sie in den passenden Farben. Die Notfallkärtchen können zur besseren Haltbarkeit laminiert werden.

Spielmöglichkeit:
Die Kinder nehmen eine ihrer Notfallkärtchen in der Hand. Bestimmen Sie am besten, wer welches Kärtchen bekommt, damit die Anzahl ausgeglichen ist. Die Kinder sind dann entweder von der Polizei oder von der Feuerwehr bzw. dem Rettungsdienst. Die Kinder laufen durcheinander im Raum umher. Rufen Sie laut eine der Notrufnummern aus und wo im Raum sie gebraucht wird, zum Beispiel „Die 110 wird an Tür gebraucht“. Die Kinder mit der Polizei-Notrufkarte müssen dann so schnell wie möglich zur Tür laufen. Sind alle Kinder an der richtigen Stelle, laufen sie weiter durch den Raum, bis Sie wieder etwas ausrufen.

Für die Älteren können Sie sich auch Szenarien ausdenken wie „In der Spieleecke brennt es“, bei denen dann die entsprechenden Kinder dorthin laufen müssen. Wurden einige Runden so gespielt, kann auch ein Kind die Spielleitung übernehmen. So wird das Einprägen der Nummern erleichtert.

Tipp:
Die Nummern können auch noch einmal groß im Gruppenraum aufgehängt werden.

Kopiervorlage „Notfallkärtchen“

·············· Schneidelinie
— — Faltlinie

110

Wo? Was? Wer?

Feldstraße
Flankenweg

112

Wo? Was? Wer?

Hexensuppe (ab 2 Jahren)

Zutaten (für 4 Personen):
200 g Kohlrabi, 3 Karotten, 1 Bund Frühlingszwiebeln, 1 Zucchini, 1 Handvoll Petersilie, 2 Zweige Thymian, 600 ml Gemüsebrühe, 100 g Spiralnudeln, 100 g Erbsen (aus dem Tiefkühl), Salz, Parmesan, Brot

Arbeitsmittel:
Sparschäler, Küchenbretter, Schneidemesser, 1 Topf, 1 Herd, 1 Suppenkelle, 1 Reibe, 3 Schälchen

Zubereitung:
Besprechen Sie mit den Kindern, dass Sie heute eine Hexensuppe kochen wollen. Schauen Sie sich mit ihnen die Zutaten an. Haben alle die Zutaten kennengelernt, geht es zusammen an die Arbeit:

1. Schälen Sie den Kohlrabi, die Zwiebel und die Karotten. Waschen Sie die Zucchini.
2. Schneiden Sie das Gemüse in kleine Würfel. Lassen Sie die Kinder dabei gerne probieren.
3. Waschen Sie die Petersilie und den Thymian. Schneiden Sie die Petersilie klein.
4. Bringen Sie die Gemüsebrühe in einen Topf zum Kochen. Geben Sie Kohlrabi, Thymianzweige und die Zwiebel in die Brühe hinzu und lassen sie es 15 Minuten lang köcheln.
5. Fügen Sie Karotten, Zucchini, Nudeln und Erbsen hinzu und lassen Sie es weitere 10 Minuten köcheln.
6. Nehmen Sie die Thymianzweige heraus und schmecken Sie die Suppe mit Salz ab.
7. Reiben Sie den Parmesan und stellen Sie ihn zusammen mit dem Brot und der Petersilie in Schälchen bereit. So kann sich jedes Kind nach Geschmack bedienen.

Fertig ist die leckere Hexensuppe. Guten Appetit!

BVK • Mareike Brombacher: Literacy-Projekt zu Axel Scheffler / Julia Donaldson „Für Hund und Katz ist auch noch Platz“

Ungeheuerliche Grießklöße aus dem Sumpf (ab 2 Jahren)

Zutaten:
450 ml Milch (oder Milchersatz), 50 g Butter oder Margarine, 150 g Hartweizengrieß, 3 Eier, 1 Päckchen Vanillezucker, 200 ml Schlagsahne, 100 g Schokolade, 2 EL Zucker

Hinweis: Die Zutaten sind für 4 Personen. Passen Sie die Menge bitte an die Anzahl der Kinder an.

Material:
1 Messbecher, 3 Töpfe, 1 Herd, 1 Küchenwaage, 1 Kochlöffel, ggf. Löffel zum Formen, Sieblöffel

Zubereitung:
Besprechen Sie mit den Kindern vorab, wie die Tiere aus dem Sumpf herausgekommen sind, um den Drachen zu erschrecken. Sie waren überzogen von Schlamm, sodass der Drache sie für ein Ungeheuer hielt. So ähnlich, nur etwas kleiner und leckerer, sehen Grießklöße aus, die mit einer Schokosoße überzogen sind. Dieser leckere Nachtisch wird heute gekocht. Schauen Sie sich vorher gemeinsam mit den Kindern die Zutaten an. Kennen sie alle Zutaten?
Dann kann losgelegt werden:

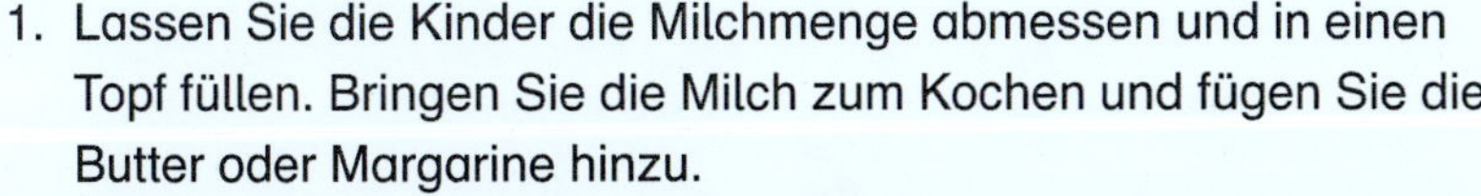

1. Lassen Sie die Kinder die Milchmenge abmessen und in einen Topf füllen. Bringen Sie die Milch zum Kochen und fügen Sie die Butter oder Margarine hinzu.
2. Wiegen Sie gemeinsam mit den Kindern den Grieß ab und fügen Sie ihn unter Rühren zur Milch hinzu. Das Rühren können die Kinder übernehmen. Schauen Sie aber, dass der Grieß nicht am Boden des Topfes anklebt. Lassen Sie den Grieß auf diese Weise 5 Minuten bei schwacher Hitze köcheln.
3. Nehmen Sie den Topf vom Herd und mengen Sie die drei Eier unter. (**Hinweis:** Aus hygienischen Gründen empfiehlt es sich, dass Sie die Eier selbst aufschlagen und hinzufügen.) Nun kann ein Kind das Päckchen Vanillezucker aufreißen und hineingeben. Rühren Sie alles gut durch.
4. Lassen Sie die Masse ein wenig abkühlen, dann geht es ans Formen: Die Kinder formen mit Löffeln oder wenn möglich mit feuchten Händen ca. 2–3 cm kleine Klößchen.
5. Bringen Sie in einem großen Topf Wasser zum Kochen und lassen Sie die Klößchen in das siedende Wasser hineingleiten. Nehmen Sie die Grießklößchen mit einem Sieblöffel heraus, sobald sie oben schwimmen. Bereiten Sie währenddessen die Schokosoße zu.
6. Geben Sie die Sahne in einen Topf und erwärmen Sie sie. Die Schokolade wird grob gehackt oder zerbrochen. Lassen Sie die Schokolade in der Sahne schmelzen. **Wichtig:** Die Mischung nicht kochen lassen! Fertig ist die Schokosoße.

Nun können die Kinder die ungeheuerlichen Grießklößchen in sumpfiger Schokosoße genießen!

Hinweis: Alternativ kann auch fertige Schokosoße im Handel gekauft werden.

Wie viele sitzen auf dem Besen? (ab 4 Jahren)

Zähle und verbinde den Besen mit der richtigen Zahl.

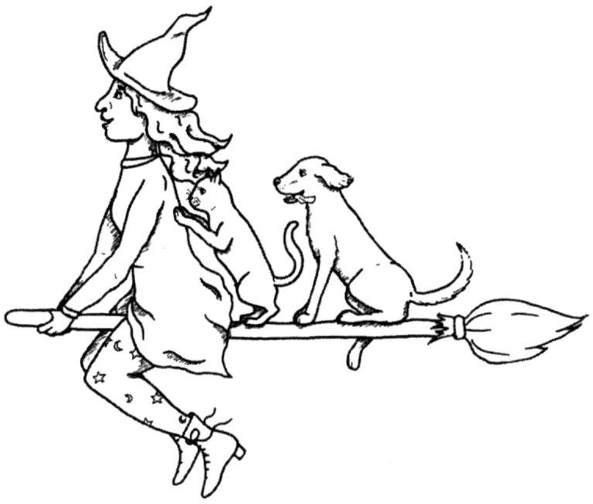

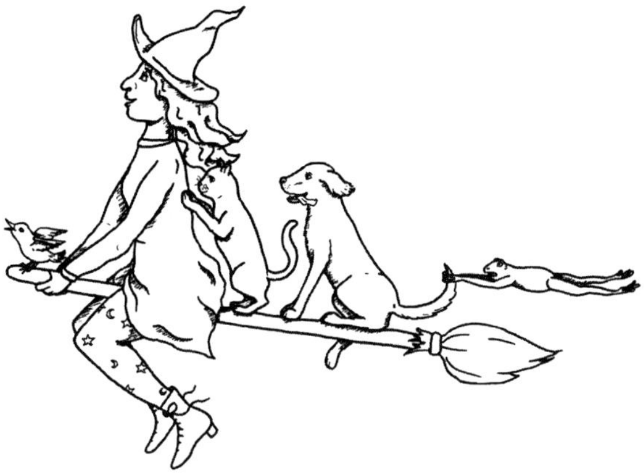

1 3 5

2 4

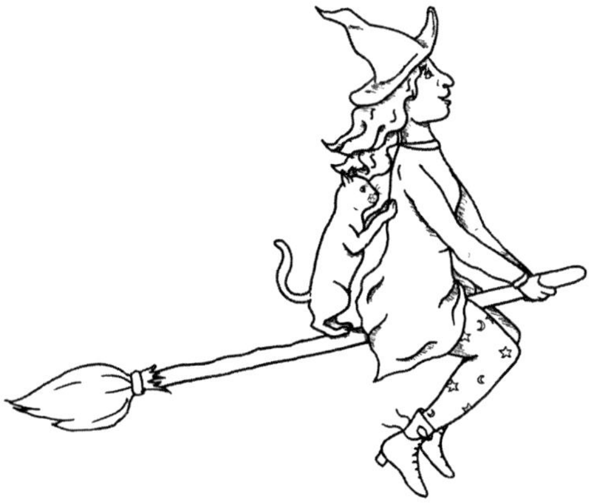

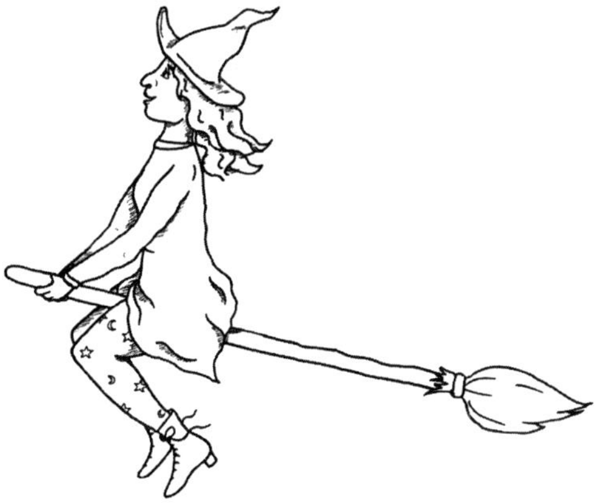

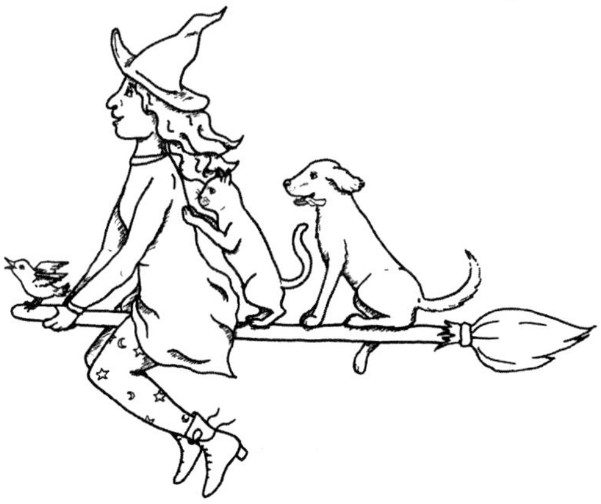

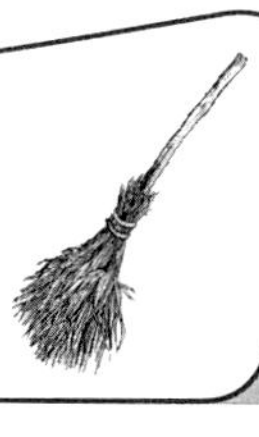

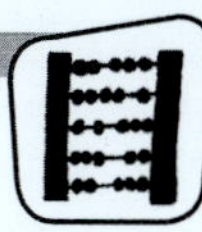

Zauberstab-Zwillinge (ab 3 Jahren)

Finde die gleichen Zauberstäbe.
Male sie in der gleichen Farbe an.

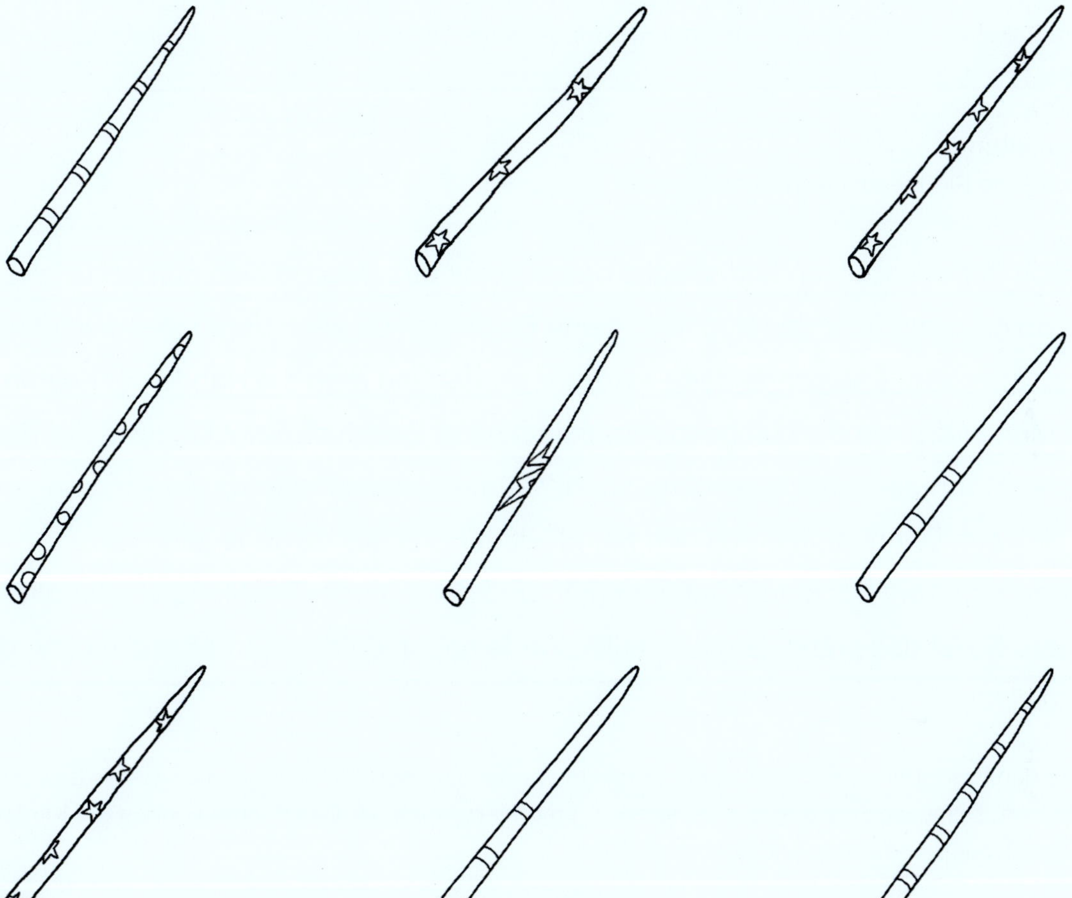

Traumreise (ab 2 Jahren)

Material:
1 Decke und 1 flaches Kissen pro Kind, ggf. Entspannungsmusik, Geschichte (s. S. 43), ggf. Stift und Papier

Vorbereitung:
Gehen Sie mit den Kindern in einen ruhigen Raum. Geben Sie ihnen eine Decke und ein Kissen. Helfen Sie den Kindern dabei, die Decke und das Kissen so in einem Kreis auszubreiten, dass sie gut darauf liegen können. Wenn die Kinder auf dem Rücken liegen, sollten sie mit seitlich ausgestreckten Armen niemanden berühren. Schalten Sie dann, falls vorhanden, ganz leise die Entspannungsmusik ein und machen sie das Licht aus.

Arbeitsanleitung:
Bereiten Sie die Kinder auf die Traumreise vor:

„Lege dich auf den Rücken und strecke deine Beine aus. Mache dich nun ganz lang, strecke deine Arme über den Kopf und deine Beine von dir weg. Versuche, dich richtig kräftig zu strecken. Entspanne deinen Körper wieder und lege die Hände auf deinen Bauch. Merkst du, wie die Luft beim Atmen in deinen Bauch strömt? Und wie der Bauch sich senkt, wenn die Luft wieder herausgeht? Atme nun einmal ganz tief ein, sauge viel Luft in dich ein. Dann atme durch den Mund wieder aus, bis du ganz leer bist.
Das wiederholen wir nochmal: Tief einatmen und dann durch den Mund wieder alles ausatmen. So ist das prima. Lege nun die Hände neben deinen Körper und mache deine Augen zu.“

Lesen Sie den Kindern nun die Geschichte langsam vor und machen Sie dabei immer wieder bewusst kleine Pausen. Diese sind mit den drei Punkten (…) markiert. Nach der Geschichte können die Kinder ein Bild zu ihrer Traumreise malen und davon erzählen.

BVK • Mareike Brombacher: Literacy-Projekt zu Axel Scheffler / Julia Donaldson „Für Hund und Katz ist auch noch Platz“

Geschichte „Fliegen im Wind“:

Stelle dir vor, du bist ein freundlicher goldener Drache mit großen Flügeln … Du sitzt auf einer Wiese an einem großen See … und genießt die Sonne und die Wärme, die sie dir gibt … Ein leichter Wind weht hier unten am Boden, ... doch du ahnst schon, dass es weiter oben etwas stürmischer sein könnte … Du streckst deine Flügel aus. Das fühlt sich befreiend an … Du fühlst dich groß und stark … Der Wind kitzelt dich schon einladend unter deinen Flügeln … Du läufst ein paar Schritte … und hebst ab in die Luft … Das ist herrlich! … Du steigst höher und höher in den blauen Himmel, … einige Vögel blicken dir überrascht nach … Du lässt dich ein wenig mit dem Wind treiben, … gleitest dahin und schaust nach unten auf die Landschaft ... Der See ist ganz klein geworden … Du siehst die Bäume und die Häuser der Menschen von oben ... Sie sehen aus wie Spielzeug ... Der Wind wird stärker … Du schlägst mit den Flügeln und saust dahin ... Du wirst richtig schnell … Der Wind rauscht an deinen Ohren vorbei ... Du drehst dich, … fliegst Kurven … und tanzt durch die Lüfte ... So ein Spaß! …

Dann wirst du langsamer … Du lässt dich wieder treiben ... und gleitest dahin ... Die Sonne scheint auf deine goldenen Schuppen ... Du merkst, dass du etwas müde wirst ... Allmählich wird es Zeit, umzukehren ... Du gleitest zu deiner Wiese am See zurück ... Der Wind trägt dich ... Je tiefer du fliegst, umso sanfter wird er ... Und als du schließlich landest, ist der Wind wieder wie eine leichte Brise um dich herum ... Du legst dich glücklich ins Gras … und schaust in den Himmel, durch den du eben noch gesaust bist ... Dann schließt du deine Augen … und ruhst dich ein wenig aus. Du spürst, der Wind ist dein Freund ... Ihr habt eine gute Zeit miteinander gehabt ... Atme nun tief in den Bauch hinein … und lange wieder aus ... Öffne langsam deine Augen ... Recke und strecke dich ... Du bist vom Drachenflug zurück und wieder hier.

Die Hexe und ihr Zaubertrank 1 (ab 3 Jahren)

Material:
1 Filmdose oder 1 anderer blickdichter Behälter pro Duft, jeweils vier Portionen an „Duftmaterial“ (z. B. 4 Stücke Vanilleschote, 4 Stücke Schokolade, 4 Zwiebelscheiben, Zimt, 4 Zitronenscheiben, 4 Stücke Käse, 4 Apfelstücke, etwas Gras (frisch gerupft) ...), Alufolie, 1 Pikser

Vorbereitung:
Füllen Sie die Duftmaterialien in jeweils 3 Behälter. Verschließen Sie die Behälter mit Alufolie und piksen Sie Löcher hinein. Die restlichen Duftmaterialien werden offen ausgelegt.

Arbeitsanleitung:
Stellen Sie den Bezug zum Buch her: „Die Hexe wirft verschiedene Sachen in ihren Zauberbrei. Die Zutaten darin kann man bestimmt gut riechen, wie die Blume. Welche Dinge können wir noch gut am Geruch erkennen?“ (Z. B. Schwimmbad, alte Schuhe, nasser Hund, Mama oder Papa mit ihrem typischen Geruch ...). Zeigen Sie den Kindern dann die Duftmaterialien und schauen Sie, ob alle bekannt sind. Lassen Sie die Kinder zunächst an einer einzelnen Dose schnuppern und raten.
Anschließend dürfen sie unter die Folie schauen und prüfen, ob sie richtig lagen. Nun wird es schwieriger: Vermischen Sie alle Dosen untereinander. Lassen Sie die Kinder die gleichen Düfte finden und zum richtigen Material legen.

Hinweis:
Da in die Gefäße auch Lebensmittel gefüllt werden, sollten sie nicht lange aufbewahrt und beim nächsten Mal wieder neu zusammengestellt werden.

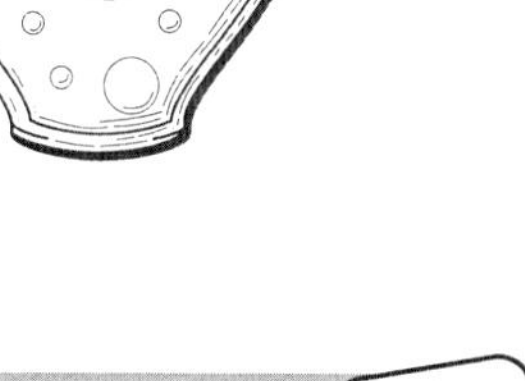

Die Hexe und ihr Zaubertrank 2 (ab 3 Jahren)

Material:
5 kleine Becher pro Kind, mind. 5 verschiedene trinkbare Flüssigkeiten (z. B. Zitronensaft (evtl. verdünnt), Apfelsaft, Wasser, Kakao, Orangensaft ...), Stifte, 1 Augenbinde pro Kind

Vorbereitung:
Stellen Sie für jedes Kind fünf Becher mit den verschiedenen Flüssigkeiten bereit. Schreiben und malen Sie auf die Becher, um was es sich handelt.

Arbeitsanleitung:
Die Kinder setzen sich um einen Tisch herum. Jedes Kind hat eine Augenbinde, die es sich bei Beginn der Übung vor die Augen zieht.
Erklären Sie den Kindern: „Die Hexe hat etwas gezaubert, das wir kennen. Nun müssen wir es aber mit verschlossenen Augen erraten. Probiert einmal, was in dem Becher ist, den ihr von mir bekommt.“
Nun erhält jedes Kind einen der kleinen Becher mit der Flüssigkeit und schmeckt genau.
Die Kinder versuchen zu erkennen, um was es sich handelt. Hat es etwas geraten, nimmt es die Augenbinde ab und schaut auf den Becher. Lag es richtig?
So werden nacheinander alle Flüssigkeiten probiert.

Tiermix (ab 3 Jahren)

Material:
Bildkarten der Tiere (s. S. 6), ggf. Buntstifte, 1 Schere, 1 Laminiergerät und Laminierfolie

Vorbereitung:
Kopieren Sie die Tierkarten mehrfach, sodass jedes Kind eine Karte erhalten kann. Malen Sie diese ggf. an und schneiden Sie die Karten aus. Für eine bessere Haltbarkeit können diese laminiert werden. Achten Sie (besonders bei kleinen Gruppen) darauf, dass von einer Tierart mehrfach Karten an die Kinder verteilt werden. Lassen Sie dazu ggf. Tierarten weg.

Arbeitsanleitung:
Lassen Sie die Kinder eine der Tierkarten ziehen. Nun wird ein Stuhlkreis gebildet oder aber die Kinder setzen sich auf Sitzkissen auf den Boden. Rufen Sie nun ein Tier auf, zum Beispiel die Katze. Nun wechseln alle Kinder, die eine Katze auf ihrer Karte haben, den Platz. Wenn Sie „Tiermix" rufen, wechseln alle Kinder ihren Platz, egal, welche Karte sie in der Hand halten.
Um es etwas spannender zu machen, können die Kinder sich auch immer passend zu ihrem Tier bewegen und zum Beispiel von Platz zu Platz hüpfen oder Sie geben eine Bewegungsart vor. Die Kinder sollen zum Beispiel seitwärts laufen, kriechen, tanzen oder sich in Zeitlupe fortbewegen.

Der Drache fängt die Hexe (ab 4 Jahren)

Material:
Für Variante 1: Turnmatten oder rutschfeste Spielunterlagen
Für Variante 2: 2 lange Seile (ca. 5 Meter lang), Augenbinden, Glöckchen

Arbeitsanleitung:
Für 4 – 6 Kinder von 2 – 7 Jahren:
Legen Sie mit Turnmatten oder rutschfesten runden Spielunterlagen einen Weg durch den Turnraum, der die Form einer großen Acht hat. In der Mitte entsteht also eine Art Kreuzung. Je nach Größe des Parcours laufen etwa vier bis sechs Kinder auf diesen Matten, dabei können sie in beide Richtungen durch die Acht laufen und sich an der Kreuzung frei für einen Weg entscheiden. Eines der Kinder ist der Drache, die anderen sind die Hexen, die gefangen werden sollen. Wurde eine der Hexen mit der Hand berührt, verwandelt sie sich selbst in den Drachen und verfolgt die anderen Kinder.

Für 4 Kinder ab 6 Jahren:
Zwei lange Seile werden oval sich leicht überschneidend (es entsteht eine Acht in Großform) auf dem Boden ausgelegt. Drei Kinder sind die Hexen und erhalten von Ihnen eine Augenbinde. Ein Kind wird zum Drachen ernannt. Es bekommt das Glöckchen in die Hand. Die Hexen verbinden sich nun die Augen und balancieren auf dem Seil die ausgelegte Strecke entlang. Dabei ist es nicht wichtig, ob sie ganz genau auf dem Seil den Fuß aufsetzen. Erklären Sie dem Drachen, dass er nun, während er auf dem Seil balanciert, eine der Hexen fangen soll. Dazu berührt er sie mit der Hand. Der Drache klingelt immer wieder mit dem Glöckchen, sodass die Hexen hören können, wo er sich gerade aufhält. Niemand darf das Seil verlassen. Wer gefangen wurde, wird zum Drachen und bekommt das Glöckchen. Der vorherige Drache wird zur Hexe.

Knoten und Schleifen (ab 3 Jahren)

Material:
Korb gefüllt mit verschiedenen Bändern, Schnüren und Seilen, leere Joghurtbecher (ausgewaschen)

Arbeitsanleitung:
Erklären Sie den Kindern: „Im Buch verliert die Hexe unter anderem ihre Schleife. Könnt ihr schon eine Schleife oder einen Knoten binden?" Bieten Sie den Kindern den Korb mit verschiedenen Schnüren und Seilen aus verschiedenen Materialien an und lassen Sie sie ausgiebig damit experimentieren.
Überlegen Sie dann gemeinsam: Wozu sind die Seile und Schnüre eigentlich da? Wie dick muss ein Seil sein, damit es zum Beispiel eine Schaukel oder ein Segel auf einem Schiff oder auch ein ganzes Schiff am Kai halten kann? Wofür brauche ich eher dünnere Schnüre?
Zeigen Sie den Kindern dann einen einfachen Knoten, die älteren können sich schon an einer Schleife versuchen.

Bastelmöglichkeiten:
Der Knotenbecher
Lassen Sie die Kinder mehrere Knoten hintereinander in eine Schnur ihrer Wahl knoten. Die Abstände der Knoten zueinander spielen dabei keine Rolle. Nehmen Sie einen Joghurtbecher und bestreichen Sie ihn mit Kleister. Nun können die Kinder ihre Knotenschnur um den Becher herumwickeln und andrücken. Ist der Kleister getrocknet, ist der schöne Becher für Stifte oder kleine Blumen fertig, den die Kinder mit nach Hause nehmen können.

Die bunte Schleifenschnur
Die größeren Kinder, die schon eine Schleife binden können, erhalten eine lange Schnur. Daran knoten sie mehrere bunte Schleifen im Abstand von ca. 5 cm zueinander fest. Diese Schleifenschnur wird im Gruppenraum als Dekoration aufgehängt.

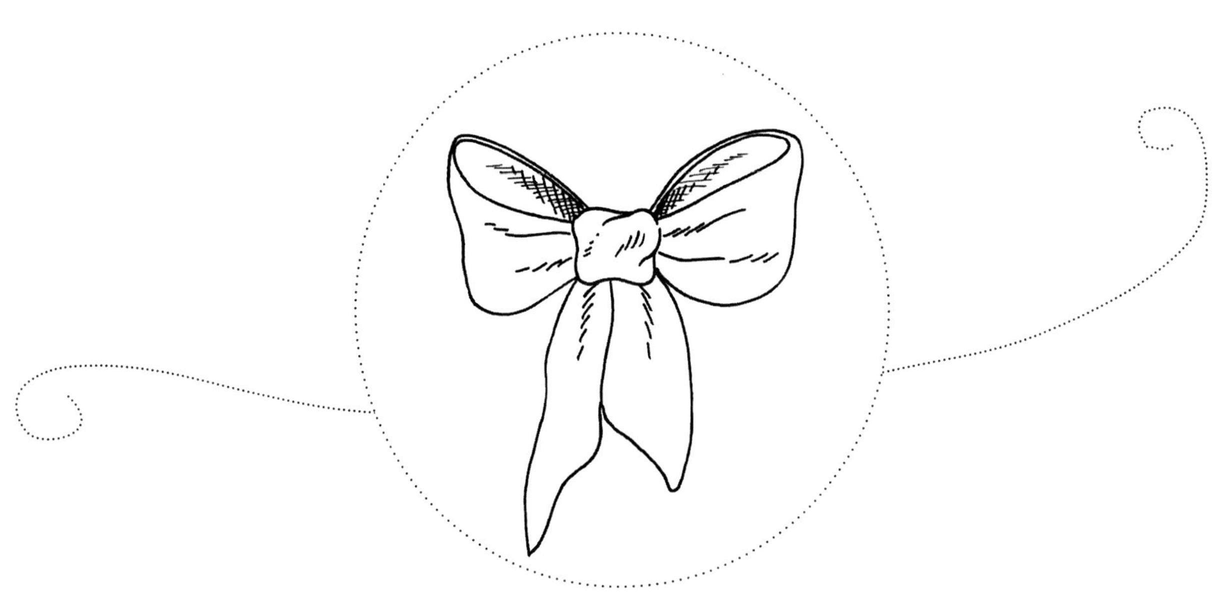

Die Hexe hilft den Tieren (ab 3 Jahren)

Material:
Rollbretter, ggf. Kisten

Arbeitsanleitung:
Erklären Sie den Kindern: „Die Hexe nimmt die Tiere auf ihrem Besen mit auf ihre Reise. Sie sind ihre Freunde geworden. Wir wollen auch versuchen, uns gegenseitig mitzunehmen."
Teilen Sie die Kinder nun in Dreiergruppen auf. Jede Gruppe bekommt ein Rollbrett. Immer zwei Kinder stehen etwa 3 – 4 Meter weit voneinander entfernt. Das dritte Kind setzt sich auf das Rollbrett. Dann schiebt ein Kind das Rollbrett mit ein wenig Schwung zum anderen Kind, welches das Kind auf dem Rollbrett wieder zurückschiebt. Nun darf ein anderes Kind der Gruppe auf das Rollbrett und sich schieben lassen.
Achtung: Die Kinder sollten nicht zu kräftig anschieben und lange Haare sollten in einem Zopf getragen werden, sodass sie nicht unter die Rollen geraten können!

Alternative:
Es können Bauklötze oder Bälle in eine Kiste gelegt und auf die andere Seite gebracht werden.

Unser Luxus-Hexenbesen (ab 3 Jahren)

Material:
großes Papier (DIN A2 oder DIN A1) oder ggf. Tapetenrolle, Stifte, Scheren, buntes Papier (z. B. Tonpapier, Zeitschriftenseiten, Geschenkpapier …), Kleber

Vorbereitung:
Malen Sie pro Gruppe einen großen Besen auf das Papier oder die Tapetenrolle.

Arbeitsanleitung:
1. Bilden Sie nun Fünfergruppen mit den Kindern. Jede Gruppe soll gemeinsam überlegen, was alles auf ihren eigenen Luxusbesen gehört. Das können zum Beispiel Rückspiegel, Kissen, ein Fernseher, ein Regenschutz, ein Getränkehalter, leckeres Essen oder ein Schnuller sein.
2. Diese Dinge malen die Kinder nun an den Besen oder sie schneiden es aus Papier aus und kleben es an.

Zum Schluss stellen sich alle gegenseitig ihren Luxusbesen vor.

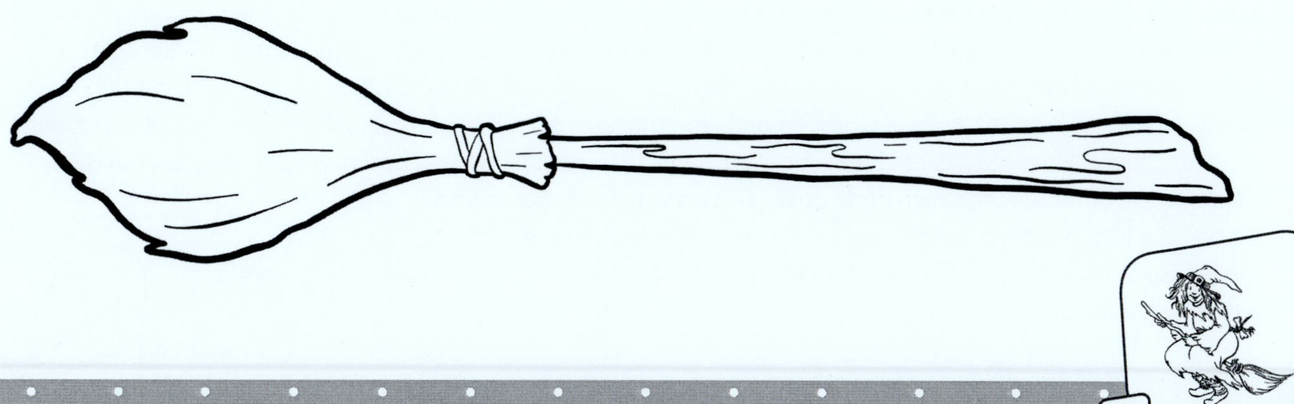

Der Boden ist Sumpf (ab 4 Jahren)

Material:
2 Bodenmatten, 1 Teppichfliese pro Kind, 4 – 5 weitere Teppichfliesen (alternativ Zeitungspapier, Wischlappen o. Ä.)

Vorbereitung:
Legen Sie die Matten in einigem Abstand auf den Boden und legen Sie die Teppichfliesen bereit. Die beiden Matten markieren die Seiten des Sumpfes, der Boden dazwischen ist das Sumpfgebiet. Die Teppichfliesen sind Seerosen, auf denen die Kinder stehen können.

Spielanleitung:
Die Kinder finden sich auf eine der Matten zusammen. Erklären Sie ihnen das Spiel: Die Kinder sind die Tiere und stehen auf der einen Seite des Sumpfes. Sie wollen auf die andere Seite des Sumpfes zur Hexe kommen. Dabei dürfen die Kinder nicht in den Sumpf fallen, also den Boden berühren. Um das zu schaffen, dürfen sie die Seerosenblätter benutzten und auf den Sumpf legen. So müssen sich die Kinder einen Weg durch den Sumpf bahnen, ohne, dass ein Kind zurückbleibt. Helfen Sie den Kindern ggf. durch Impulse zur Problemlösung. Wenn ein Kind den Boden berührt, steckt es dort im Sumpf fest. Die anderen Kinder können es befreien, indem mindestens vier von ihnen das feststeckende Kind am Arm halten und wieder auf ein Seerosenblatt „ziehen". Erst dann dürfen die Kinder weitermachen. Das Spiel ist gewonnen, wenn alle Kinder auf der Matte auf der anderen Seite stehen.
Um die Schwierigkeit zu erhöhen, kann die Anzahl der Teppichfliesen reduziert werden, sodass manche Kinder zu zweit auf einer Teppichfliese stehen müssen. So müssen sich die Kinder beim Fortbewegen noch mehr gegenseitig helfen.

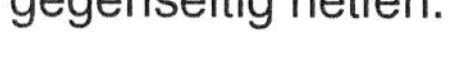

Besen-Sortier-Spiel (für 6 – 8 Kinder, ab 3 Jahren)

Material:
1 Langbank, 2 Fallschutzmatten

Vorbereitung:
Stellen Sie die Langbank auf die Fallschutzmatten.

Spielanleitung:
Die Kinder stellen sich in zufälliger Reihenfolge auf die Langbank. Sie sind Passagiere auf dem Hexenbesen (Langbank) und sollen sich während des Fluges neu sortieren. Bestimmen Sie dann, nach welchem Kriterium sich die Kinder sortieren sollen, das kann zum Beispiel nach Größe, Alter, Name im Alphabet oder Farbe des Oberteils (Regenbogen) sein. Zum Start kann auch etwas Einfacheres gewählt werden, bei denen sich die Kinder nur in zwei Gruppen aufteilen müssen, zum Beispiel danach, wer ein Haustier hat und wer nicht. Nach einem Startsignal müssen die Kinder sich gut absprechen und nach der Vorgabe auf dem Hexenbesen sortieren, natürlich ohne dass jemand von ihnen herunterfällt.
Stehen die Kinder richtig sortiert, geben Sie die nächste Aufgabe.
Dieses Spiel fördert die Kommunikation und den Zusammenhalt, da alle Kinder aufeinander aufpassen müssen.